1

Un militante obrero logra su excarcelación

"No puedo quedarme tranquilo y callado en un mundo donde se incendian más de 30 iglesias negras en 18 meses; donde tropas norteamericanas andan libremente por el mundo para proteger los intereses del gran capital; en un mundo que crea el tipo de infierno del que yo acabo de salir". Así dijo Mark Curtis a sus partidarios que le dieron la bienvenida cuando salió de la Penitenciaría Estatal de Iowa el 18 de junio de 1996.

Curtis sabía que se encontraba de nuevo entre luchadores obreros. Entre los que fueron a recibirlo al portón de la cárcel estaba David Ochoa, un obrero de la carne en Perry, Iowa, de origen guatemalteco. También estaba Frankie Travis, uno de los *Road Warriors* (Guerreros de la Carretera), sindicalistas que se pusieron a recorrer el país en busca de solidaridad cuando la compañía A.E. Staley en Decatur, Illinois, les impuso un cierre patronal a él y a sus compañeros de trabajo.

Además se encontraban Joel Britton, del Comité Nacional del Partido Socialista de los Trabajadores; James Harris, candidato presidencial del PST; Hazel Zimmerman,

KRISTIN MERIAM

Curtis es recibido por partidarios al salir de la prisión, 18 de junio de 1996. Izquierda: David Ochoa, obrero de la carne de Perry, Iowa. Derecha: Tom Alter (izquierda), dirigente de la Juventud Socialista en Bloomington, Indiana, y Joel Britton (centro), miembro del Comité Nacional del Partido Socialista de los Trabajadores.

dirigente por mucho tiempo del Comité de Defensa de Mark Curtis; y Tom Alter, dirigente de la Juventud Socialista en Bloomington, Indiana.

Era una digna bienvenida para este socialista y sindicalista que había pasado siete años y medio preso bajo acusaciones fabricadas antes de lograr su excarcelación bajo libertad condicional. Era la culminación de ocho años de una campaña de defensa, de carácter no partidista, en la que habían participado miles de personas de todo el mundo.

Una caravana de vehículos con partidarios de Curtis lo acompañó, primero a Peoria, Illinois, para un almuerzo de celebración, y luego a Chicago, donde estaba ansioso por reincorporarse a la lucha de clases fuera de los muros de la prisión.

La historia de Mark Curtis nos permite comprender mejor un capítulo de la lucha de la clase trabajadora en Estados Unidos. Su victoria dice mucho sobre la resistencia de los trabajadores y los oprimidos a los ataques por parte del gobierno y los patrones, tanto en Estados Unidos como a nivel mundial.

La lucha de Curtis por la justicia empezó en marzo de 1988, cuando el obrero de la carne, entonces con 29 años de edad, fue arrestado por la policía de Des Moines, golpeado y acusado falsamente de intento de violar a una adolescente negra. En esos días él estaba participando en una lucha para defender a 17 compañeros de trabajo en la fábrica empacadora de carne de la empresa Swift, quienes habían sido arrestados en una redada de la policía de inmigración. También participaba en luchas contra el racismo policiaco, contra el espionaje por parte del gobierno, y en apoyo a luchas obreras, sobre todo en el Medio Oeste del país.

La lucha de Curtis contra el caso amañado recibió un amplio apoyo a nivel internacional. Pero en septiembre de 1988, en un juicio injusto, fue declarado culpable y condenado a 25 años de prisión. A través de los años, miles de personas alrededor del mundo mandaron cartas a la Junta de Libertad Condicional en Iowa y a otros funcionarios en el estado exigiendo su excarcelación. La junta le negó repetidas veces la libertad condicional.

Sin embargo, con el pasar del tiempo, más y más personas empezaban a preguntar, "¿Por qué sigue preso Mark Curtis?" A casi siete años de la fecha de su sentencia, el 21 de noviembre de 1995, la junta de libertad condicional aprobó la solicitud de Curtis de ser puesto en libertad bajo palabra en Illinois.

Autoridades estatales demoran excarcelación

Lo que sucedió entre esa fecha y el momento en que salió de la prisión es toda una historia en sí. Curtis, al igual que muchos otros trabajadores que cumplen condenas, pudo constatar que el estado tiene muchas formas de poner trabas. Además, las autoridades pueden utilizar todo "incidente" que ocurra en la prisión para revocar la orden de libertad condicional. Todos estos son aspectos del trato degradante e inhumano al que son sometidos cotidianamente los reos en este país. Cuando el recluso es víctima de un caso amañado político, como el de Curtis, lo que está en juego es aún mayor.

Curtis había solicitado ser puesto en libertad condicional en Chicago ya que allí reside su esposa, Kate Kaku, y además tenía ofertas de empleo en esa ciudad. En Chicago existen muchas oportunidades para trabajar en empleos industriales y Curtis podría pertenecer a una rama del Partido Socialista de los Trabajadores, organización de la que ha sido miembro desde 1979.

Una vez que las autoridades de Iowa decidieron concederle la libertad condicional, Curtis aún tuvo que esperar a que los funcionarios de la junta de libertad condicional en el estado de Illinois aprobaran su traslado. El 16 de febrero de 1996, las autoridades en Illinois le dijeron al abogado de Curtis que le negaban la libertad condicional ya que según ellos Curtis no tenía "familia" en ese estado. Afirmaron que su relación con Kaku de 10 años no valía ya que no estaban formalmente casados.

Al mismo tiempo, Curtis enfrentaba una nueva forma de hostigamiento en la prisión. Aunque el sindicalista preso contribuía a menudo al semanario socialista *The Militant*, incluso con una columna frecuente, "Desde adentro de los muros de la prisión", tres artículos que envió al periódico

NAOMI CRAINE

Curtis hace campaña por candidatos del Partido Socialista de los Trabajadores en Chicago, agosto de 1996.

entre mediados de diciembre y mediados de febrero nunca llegaron a su destino. Las autoridades de la prisión no respondieron a las preguntas al respecto.

"No hay justificación alguna para estas repetidas violaciones de la libertad de expresión y la libertad de prensa, garantizadas por la constitución de Estados Unidos", escribió Steve Clark, director del *Militant*, al alcaide de la Penitenciaría Estatal de Iowa, al exigir la entrega de los artículos escritos por Curtis. Otras decenas de personas también escribieron protestando contra la censura. Al final las autoridades de la prisión cedieron, sin reconocer sus actos de censura, y a comienzos de marzo llegó al *Militant* una nueva columna que describía las discusiones sobre la Revolución Cubana entre los prisioneros en Fort Madison.

Curtis y Kaku formalizaron su matrimonio, y él volvió a solicitar la libertad condicional en Illinois. Mientras tanto, los partidarios del comité de defensa le escribían a Curtis a la prisión expresando su voluntad de continuar la lucha y combatir la demora en la aprobación de su libertad incondicional. También hicieron campaña para ganar nuevos simpatizantes a la lucha, utilizando la versión anterior de este folleto, *¿Por qué sigue preso Mark Curtis?*

También hubo otros ataques durante este período. En diciembre hubo un intento de provocar un incendio en la librería Pathfinder en Des Moines. Las oficinas internacionales del Comité de Defensa de Mark Curtis habían estado en la librería desde su inicio en 1988 hasta su traslado a Chicago en febrero de 1996, anticipando que Curtis fuera puesto bajo libertad condicional ahí. El agresor provocó un incendio que ocasionó bastante daño por humo unas horas después de un evento muy difundido para celebrar la victoria de Curtis en lograr la libertad condicional. Además era dos días después de un foro del Militant Labor Forum, celebrado en la librería, en contra del envío de tropas norteamericanas a Yugoslavia. Una amplia gama de sindicalistas, agricultores y otros partidarios de los derechos democráticos condenó el ataque a la librería y exigió a las autoridades municipales una investigación completa y castigo a los responsables.

En marzo las autoridades de Iowa enviaron por segunda vez a Illinois la solicitud de libertad condicional de Curtis. Los funcionarios de Illinois continuaron dilatando el proceso y rechazaron nuevamente la solicitud, diciendo que no tenían pruebas de que Curtis tuviera una "red de apoyo" en Illinois. En una sola semana, los partidarios de Curtis juntaron más de 40 cartas incluyendo dos ofertas de empleo para demostrar que sí tenía apoyo en el estado. Al final las autoridades en Illinois cedieron y el 18 de junio de 1996 Curtis ganó su libertad.

Regresa a lucha de clases fuera de la prisión

Al cabo de un mes Curtis ya estaba trabajando nuevamente en una fábrica. En una celebración en Chicago en agosto, titulada "Bienvenido de vuelta a la lucha de clases", Curtis describió su trabajo. "Llevo ahí casi un mes, en una planta sindicalizada donde se cubre piezas de acero con plástico, trabajando en la línea rociadora, sacándome callos de nuevo en las manos. Los obreros en su gran mayoría son mexicanos, con un puñado de obreros negros, y un blanco, que soy yo. Mi presencia fue una sorpresa para muchos, que al principio creían que yo iba a ser su supervisor en la oficina. Pero después de ver que yo hago los mismos trabajos bajo las mismas condiciones de calor, polvo y sudor, y que converso con ellos en español, les gusta.

"Una de las primeras discusiones políticas que he tenido en el trabajo es sobre el arresto reciente de unos 40 inmigrantes en una planta de electrónica en Elk Grove. Entre los arrestados por la migra había dos mujeres embarazadas y ni siquiera les dieron la oportunidad de ver a la familia antes de que se las llevaran", dijo.

Curtis describió otras experiencias que había tenido en el centro de trabajo y en actividades políticas en la ciudad, donde se incorporó de inmediato a actividades en defensa de los inmigrantes y en apoyo a la Revolución Cubana. Describió cómo había vendido periódicos y libros socialistas en depósitos ferroviarios y, ese mismo día había participado en una brigada de la campaña electoral del Partido Socialista de los Trabajadores.

"Hago todo esto a pesar de ciertas restricciones que se impone a los que están bajo libertad condicional", dijo Curtis. Por ejemplo, no puede viajar sin permiso fuera del condado Cook; no puede regresar al condado Polk en Iowa, donde está Des Moines; y tiene que inscribirse en un registro de la policía como individuo que fue condenado como "delincuente sexual". Esta última condición es una de las medidas antidemocráticas aprobadas en muchos estados y que el presidente William Clinton promulgó como ley federal en mayo de 1996.

"Pero, por otra parte, es importante señalar que todo me ha ido tan bien como podía esperarse", dijo Curtis.

"Entré a la cárcel siendo comunista y salí siendo comunista, solo que más fuerte, gracias a la colaboración del Partido Socialista de los Trabajadores, al estudio de libros publicados por la editorial Pathfinder, y a que estuve leyendo el *Militant* y organizando grupos de discusión con otros presos que estaban interesados en estas ideas", explicó. En 1994, estando preso, Curtis fue elegido al Comité Nacional del PST y desde entonces ha sido miembro activo de ese comité.

En el evento Linda Jenness, hasta entonces la secretaria del Comité de Defensa de Mark Curtis, anunció que el comité "ya no existe, porque ya no lo necesitamos. Mark es un hombre libre".

John Studer, coordinador del comité de defensa, dijo a las 70 personas presentes que los archivos del comité serían entregados a la Asociación Estatal de Historia en Madison, Wisconsin. Esa institución mantendrá los documentos, de manera que los archivos y las lecciones de esta lucha serán accesibles para activistas e investigadores políticos.

El Fondo para la Defensa de los Derechos Políticos (PRDF), del cual Studer es director ejecutivo, asumirá la responsabilidad de cualquier otro gasto jurídico que tenga Curtis mientras esté bajo libertad condicional, explicó Studer. El PRDF es una organización no partidista que se fundó en 1973 a fin de ganar apoyo y recaudar fondos para la histórica demanda judicial entablada por el PST

JOEL BRITTON

Mitin en Chicago bajo lema "Mark: Bienvenido de vuelta a la lucha de clases". De izquierda a derecha: Naomi Craine; Mark Curtis; Tom Alter, David Marshall, dirigente del PST en Peoria, Illinois; Linda Jenness, antigua secretaria del Comité de Defensa.

y la Alianza de la Juventud Socialista para impugnar la campaña de espionaje, hostigamiento e interferencia realizada durante muchas décadas por el FBI y otras agencias del gobierno contra los dos grupos socialistas. El PRDF también ha apoyado otras campañas de defensa, entre las que se destaca la de Héctor Marroquín, un joven socialista mexicano a quien el gobierno norteamericano trató de deportar en los años 80. Los archivos de estas dos luchas y de muchas otras campañas de defensa se conservan también en la institución de Madison.

Tom Alter, dirigente de la Juventud Socialista, y Naomi Craine, quien habló a nombre del Comité Nacional del PST, resaltaron muchas de estas luchas en sus palabras en la celebración. Alter habló de cómo una generación anterior de jóvenes revolucionarios adquirió experiencia a través de la lucha para defender a tres miembros de la Alianza de la Juventud Socialista (AJS) acusados falsamente de sedición en 1963 en Bloomington, Indiana, por haber asistido a un discurso sobre la lucha de los derechos de los negros pronunciado por Leroy McRae, dirigente de la AJS.

Craine mencionó varios otros casos, como el encarcelamiento de 18 dirigentes del PST y del sindicato de camioneros Teamsters en Minneapolis durante la Segunda Guerra Mundial bajo la ley Smith, por el "crimen" de denunciar el ingreso del imperialismo norteamericano a la guerra. También mencionó la exitosa lucha que James Kutcher libró durante ocho años contra los macartistas en los años 50 para que fuera restituido como empleado público. Además destacó la defensa de Joe Johnson, un socialista nacido en Estados Unidos a quien Washington trató de deportar en los años 60, y la lucha para defender a Héctor Marroquín. Los materiales publicados sobre todos estos casos representan mucho más de una amplia defensa de los derechos democráticos. Cada uno de estos casos es un capítulo en la historia de las luchas de la clase trabajadora.

Lo mismo puede decirse de este folleto, que inicialmente se publicó por entregas en *Perspectiva Mundial* en 1993 y 1994. Se publicó como folleto en marzo de 1995 bajo el título *¿Por qué sigue preso Mark Curtis?* Los partidarios de esta lucha lo utilizaron para buscar apoyo ampliamente entre todos los que se harían esa pregunta. El folleto además describe el partido de Curtis, explica qué clase de combatientes son sus miembros, y las luchas en las que él participó y sigue participando. La historia que se relata a continuación ha despertado el interés de trabajadores y jóvenes rebeldes por todo el mundo, desde Estados Unidos hasta Sudáfrica, Nueva Zelanda y Cuba.

NAOMI CRAINE

Entrega de archivos del Comité de Defensa de Mark Curtis a la Sociedad de Historia del Estado de Wisconsin, octubre de 1996. De la izquierda a la derecha: Richard Pifer, jefe de fondos bibliográficos de la división de archivos de la sociedad de historia; John Studer, antiguo coordinador del comité de defensa; Mark Curtis.

2

La redada de la migra y los 17 de Swift

El 4 de marzo de 1988, varios obreros de origen mexicano en la planta procesadora de carne de la empresa Swift Independent Packing Company en Des Moines, Iowa, abandonaron sus puestos de trabajo y pararon la línea de producción. Exigieron que se les permitiera participar en una reunión organizada para denunciar el arresto, realizado tres días antes por la policía de inmigración, de 17 de sus compañeros de trabajo.

Unas horas más tarde, la policía de Des Moines arrestó a un joven trabajador de la Swift, Mark Curtis, y lo llevó a la cárcel municipal. En un cuarto pequeño los policías le ordenaron que se desvistiera, pusieron una grabadora en un escritorio y comenzaron a interrogarlo. Curtis pidió un abogado, pero los policías continuaron su interrogatorio. Cuando rehusó contestar preguntas sin antes consultar con un abogado, los policías lo golpearon a la vez que le decían, "te gustan los mexicanos, como también te encantan esos negros". Otro de los agentes le dijo, "Seguro que tienes SIDA".

Lo golpearon hasta dejarlo inconsciente, causándole

una fractura en la cuenca del ojo. Se requirió de 15 puntadas para cerrarle la herida a Curtis. Al llevarlo al hospital, los policías les dijeron a los trabajadores del hospital que era un violador que estaba infectado con SIDA. Curtis se despertó encadenado a una cama de hospital. Luego lo llevaron de nuevo a la cárcel, donde lo tiraron en una celda en la que pasó la noche desnudo, sangrando, y sin siquiera una toalla, cobija, cama o servicios. El activista sindical y socialista, de 29 años de edad, fue acusado de intento de violación de una adolescente negra y además le formularon dos cargos de agredir a los policías que lo habían golpeado. Así se empezó a fabricar el caso contra Mark Curtis.

El juicio contra Curtis no fue justo. Le negaron el derecho de presentar ante el jurado pruebas vitales para su defensa. En septiembre de 1988 fue declarado culpable de los cargos falsos de abuso sexual en tercer grado y de allanamiento de morada en primer grado. Dos meses más tarde fue condenado a 25 años de prisión.

Para entender lo que le sucedió a Mark Curtis y por qué era importante que los trabajadores, para defender sus propios intereses, se incorporaran a la lucha por su libertad, es preciso remontarse a la redada que el Servicio de Inmigración y Naturalización (SIN) llevó a cabo en la empacadora Swift. El 1 de marzo, tres días antes del arresto de Curtis, alguaciles federales y policías locales invadieron la fábrica, en una redada bien organizada, y arrestaron a 17 trabajadores inmigrantes, 16 de ellos de México y uno de El Salvador. Luego resultó que la redada había sido planeada con varios meses de anticipación con la colaboración directa de la Swift.

Agentes de la migra fueron a la oficina de personal de la Swift, revisaron los archivos de todos los trabajadores y escogieron una lista de los que iban a arrestar. Pusieron los 17 nombres en un acta sellada de acusación judicial. Al igual que Curtis, muchos de los detenidos trabajaban en el matadero. Los 17 de la Swift, como se les llegó a conocer, fueron acusados de diversos delitos graves por haber falsificado documentos, como el número de Seguro Social y los formularios sobre su derecho a conseguir empleo, con el fin de obtener trabajo.

La redada ocurrió en una época en que el SIN pretendía convencer a un mayor número de trabajadores indocumentados de que se acogieran al programa de amnistía de la Ley de Reforma y Control de Inmigración de 1986. La amnistía le permitió a un número reducido de indocumentados obtener la residencia legal.

Muchos consideraron la redada en la Swift como un sondeo organizado a nivel federal para tratar de legitimar el uso ilegal de los datos confidenciales que aparecen en las solicitudes de amnistía, y así poder arrestar a obreros indocumentados. Por lo menos siete de los obreros detenidos por el SIN en la Swift ya habían presentado su solicitud de amnistía. Este hecho aumentó la indignación de muchos trabajadores en Des Moines y en otras partes, especialmente entre la comunidad latina.

Inmediatamente después de los arrestos, familiares y amigos de los obreros de la Swift se congregaron frente a la Cárcel del Condado de Polk en el centro de Des Moines, exigiendo su excarcelación. Sin embargo, ni siquiera se les permitió hablar con los reos.

Uno de los 17 de la Swift, Martín Castillo, subrayó la hipocresía del SIN. "Yo estoy confundido sobre todo esto porque dicen que falsificamos la tarjeta del Seguro Social", le dijo al *Wall Street Journal*. "No lo niego, pero ¿por qué nos instaron a solicitar la amnistía y dijeron que no nos iban a enjuiciar por lo que habíamos hecho en el pasado?"

STU SINGER

Héctor Marroquín, Kate Kaku y Curtis explican caso amañado en la planta empacadora Swift en Des Moines, principios de 1988. Marroquín, socialista nacido en México, ganó una lucha que duró 11 años contra intentos del gobierno norteamericano de deportarlo.

Un vicedirector regional del SIN contestó la pregunta de Castillo cuando le dijo al *Journal*, "Simplemente porque usted sea un solicitante o haya recibido amnistía, no significa que le vamos a perdonar los pecados del pasado".

3

El 4 de marzo de 1988

Los arrestos en la Swift provocaron un intenso debate entre los obreros en la fábrica. Algunos de ellos habían aplaudido cuando los agentes de la migra llegaron y arrestaron a los 17, porque se habían tragado la propaganda patronal de que los trabajadores inmigrantes "se roban empleos americanos". Estos prejuicios les ayudan a gerentes como los de la Swift a mantener bajos los salarios y a empeorar las condiciones de trabajo, no solo para los inmigrantes sino para toda la fuerza laboral. Los patrones y los capataces les dicen "mojados" a los obreros mexicanos y prostitutas a las obreras asiáticas. Tratan de mantener a la gente dividida y fomentan el racismo entre los trabajadores.

En la Swift Curtis había contribuido a unificar a los obreros. Él hablaba español, que había aprendido de adolescente. Cuando la migra detuvo a 17 de sus compañeros de trabajo, Curtis se metió de lleno en los debates que brotaron en la fábrica, planteando que el sindicato debía formar parte de la lucha para defenderlos. Anteriormente, él había ayudado a algunos de los 17 a llenar la solicitud de amnistía.

Al aumentar el descontento por los arrestos, activistas en la comunidad latina de Des Moines convocaron a una reunión para el viernes 4 de marzo a las 2:00 de la tarde. El foro, celebrado en el Centro Comunitario Unido Mexicano-Americano cerca de la Swift, se organizó a fin de brindarles a los obreros de la Swift y a otros una oportunidad de protestar contra la redada y obtener respuestas sobre los arrestos y el programa de amnistía.

Al principio la gerencia de la Swift dijo que los obreros que desearan participar en la reunión lo podrían hacer. Pero al llegar las 2:00 de la tarde, la empresa no permitió que los obreros se fueran, afirmando que tendrían que seguir trabajando hasta que destazaran otras 500 reses.

Obreros abandonan la línea de producción

Indignados por esta acción, varios trabajadores abandonaron sus puestos para ir a la reunión, paralizando así la producción. Nadie tenía memoria de un paro similar. La empresa se vio obligada a retroceder. Accedió a permitir que los obreros asistieran a una asamblea posterior y les pidió a los organizadores que celebraran la reunión a las 5:00 de la tarde. Curtis asistió a esa reunión junto con muchos otros obreros de la Swift.

En la primera asamblea participaron más de 100 personas, entre familiares, partidarios de los obreros de la Swift y activistas de la comunidad. El director regional del SIN, James Cole, acompañado de policías de Des Moines y funcionarios de la Swift, habló en esa reunión; y fue fustigado por los familiares y amigos de los obreros detenidos. Alfredo Alvarez, entonces presidente de la Comisión de Derechos Humanos de Des Moines, propuso junto con otras personas que se organizara una marcha de protesta, la cual fue convocada para el 12 de marzo.

Unos 25 obreros de la Swift asistieron a la segunda reunión, y algunos de los participantes de la primera se quedaron para continuar la discusión. "Eran principalmente compañeros del matadero. También había representantes de la compañía", diría Curtis más tarde. "Hablando en español, yo planteé, 'Necesitamos involucrar al sindicato. Este asunto no solo afecta a los arrestados; es un ataque contra todos los que trabajamos en la planta'. Me ofrecí a comenzar a involucrar a los demás obreros de la Swift.

"Después de la asamblea me fui con mis compañeros de trabajo a Los Compadres, una cantina cercana, para continuar la discusión", dijo Curtis. "Allí también se encontraban otros obreros que estaban inspirados por la combatividad que habían demostrado los obreros mexicanos ese día durante el paro. 'Así deberíamos hacer siempre que los capataces se metan con nosotros', dijo uno de ellos".

El arresto

Curtis dejó el bar alrededor de las 8:30 de la noche y se fue a casa. Estaba esperando la llegada de dos amigos que venían de otra ciudad. Uno de ellos, Kevin Magee, iba a dar una presentación al día siguiente sobre su reciente viaje a Nicaragua en el Militant Labor Forum, un mitin público que Curtis estaba organizando.

Curtis tenía que ir a la tienda a comprar comida para la cena que se iba a dar antes del foro, así que llamó a dos amigas vecinas, Ellen Whitt y Jackie Floyd, para hacerles saber adónde iba y para que estuvieran pendientes de la llegada de sus huéspedes. Durante el juicio Floyd, que trabajaba el turno de noche en la fábrica de llantas Firestone en Des Moines, señaló que había recibido la llamada de Curtis esa noche a las 8:45. Ella sabía la hora exacta de su llamada porque él la había despertado y ella se había fijado en el reloj para ver si se tenía que levantar para irse al trabajo.

A unas cinco cuadras de su casa, Curtis se paró en un semáforo. Una joven negra se acercó a su auto. Parecía muy asustada y le rogó que la llevara a casa. Dijo que un hombre en un bar cercano, el TNT, la estaba persiguiendo. Curtis sabía que una mujer había sido asesinada recientemente en ese bar. Le preocupaba especialmente la violencia contra la mujer porque una de sus hermanas había sido violada.

Curtis dejó que la mujer se subiera al auto y ofreció llamar a la policía. Ella dijo que no quería que lo hiciera y le pidió que la llevara a casa. Ella lo dirigió hasta una casa y le pidió que la acompañara al pórtico porque temía que el hombre estuviera adentro. Ella entró a la casa, mientras Curtis esperaba en el pórtico. Jamás la volvió a ver. Al cabo de un par de minutos, la puerta del pórtico se abrió de golpe. Al principio Curtis pensó que se trataba del hombre que la mujer temía. Pero era la policía.

Uno de los agentes de policía, Joseph González, lo agarró del brazo y gritó, "Ya lo tengo". Curtis pensó que la mujer los había llamado y que creían equivocadamente que él era el hombre que la perseguía. González metió a Curtis en la casa, atravesando la sala, hasta el dormitorio de atrás. Esposó a Curtis con las manos en la espalda.

Entonces el policía empujó a Curtis sobre la cama, le desabrochó los pantalones y se los bajó. "A ver lo que tenemos aquí", dijo González. En ese momento le comenzaron a fabricar el caso a Mark Curtis. González le quitó a Curtis su billetera y sus llaves y lo puso bajo arresto. Lo sacaron de la casa sin que siquiera se pudiera abrochar los pantalones.

Al día siguiente el diario *Des Moines Register* publicó un artículo con el titular "Niño de 11 años llama a la policía, impide violación de su hermana". El artículo afirmaba que Curtis había sido arrestado mientras intentaba violar a una estudiante de secundaria de 15 años de edad y que la llamada a la policía por parte de su hermano la había salvado.

STU SINGER

Marcha en Des Moines en defensa de los 17 obreros detenidos en la Swift, 12 de marzo de 1988.

4

Un caso político de cargos fabricados

Cuando los policías arrestaron a Mark Curtis el 4 de marzo de 1988, una de las primeras cosas que hicieron fue quitarle las llaves de su automóvil. Entre los objetos que habrían visto en su auto, estacionado frente a la casa, se encontraban varias copias de un volante que anunciaba un mitin titulado "¡Alto a los ataques del gobierno contra las libertades políticas!"

El volante mencionaba diversos ejemplos de abusos a los derechos democráticos, entre ellos el espionaje realizado por el FBI contra organizaciones políticas, el caso de los 17 de la Swift y un caso reciente de acciones racistas por parte de la policía en Clive, un suburbio de Des Moines. El hecho de que la policía encontrara los volantes, así como los comentarios racistas de los policías que golpearon a Curtis esa noche en la comisaría, dejaron muy claro el verdadero crimen que había cometido: luchar por los derechos de los trabajadores, incluso los de los que hablan un idioma distinto, provienen de un país distinto o cuya piel es de un color distinto del de las familias acaudaladas que gobiernan Des Moines y el

Stop Government Attacks on Political Rights!

Militant/Arthur Hughes

Sunday, March 27 3pm

**Des Moines Valley Friends Meeting House
4211 Grand Avenue
Des Moines, Ia.**

speakers will include:

JOE SWANSON - Midwest spokesperson for Political Rights Defense Fund

ED SPARKS - Secretary-Treasurer Local 387, Teamsters union, Des Moines

PAT KEARNS - member New Wave, Univ. of Iowa; participated in CIA Off Campus demonstration last October

The March 27 meeting will take up many cases of government attacks on political anc democratic rights. The meeting is sponsored by the Political Rights Defense Fund (PRDF).

PRDF is organizing the 15 year long fight of the Socialist Workers Party and Youn Socialist Alliance suit against government spying and harassment. That suit won a histori decision by Federal Judge Thomas Grisea in August 1986 upholding the right of privacy t advocate political ideas. But Attorney General Meese is appealing the decision.

There have been recent exposures of government spying and disruption against the Committe in Solidarity with the People of El Salvador (CISPES). The FBI targetted church, community, political and labor groups such as the United Auto Workers union that have spoken out against the U.S. war on the people of Central America.

Government efforts to carry out unpopular foreign policy require retricting our rights an access to information. They prohibit travel to Cuba, restrict the travel of representatives o the African National Congress, and are trying to close down the information offices of th Palestine Liberation Organization.

Other cases include:

- Students at the University of Iowa who face criminal charges for protesting CIA recruiting
- Five Kentucky coal miners framed up for murder for the "crime" of going on strike.
- Farm activists who face injunctions and police action for protesting foreclosures.
- The 17 immigrant workers at the Swift meatpacking plant in Des Moines arrested and jaile for the "crime" of immigrating and working.
- The Supreme Court ruled against free speech for high school newspapers.
- Racist attacks like the Clive, Iowa police notice to report "Black males".
- Treating the homeless and victims of the AIDS disease as criminals, not victims.
- Attacking workers rights through increased drug testing.

for more information contact PRDF, c/o Pathfinder Books, 2105 Forest, Des Moines, IA 5031 (515) 274-3603.

Volante para mitin del 27 de marzo de 1988, titulado "¡Alto a los ataques del gobierno contra los derechos políticos!". Al hallarlo en su auto, la policía se habría dado cuenta que Curtis era un activista político.

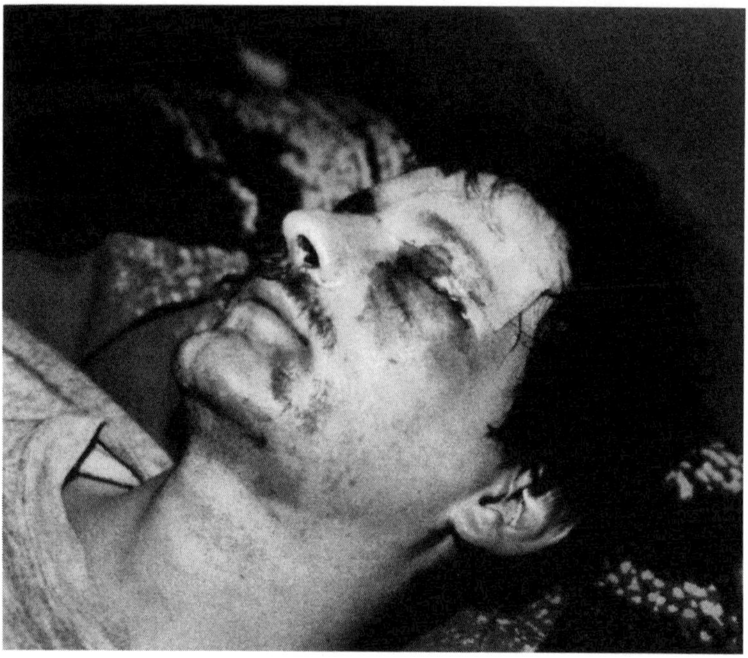

STU SINGER

Curtis tras golpiza a manos de policías de Des Moines. Necesitó 15 puntadas para cerrarle la herida. La foto fue tomada el día después de su arresto.

resto de Estados Unidos.

Las luchas descritas en ese volante que se hallaba en el auto de Curtis sintetizan el tipo de actividades políticas en las cuales estaba involucrado el joven sindicalista. El hecho de que la policía y los fiscales de Des Moines le fabricaran cargos de violación y allanamiento de morada no tiene nada de misterioso.

La fabricación de cargos ya había adquirido un carácter político.

El volante anunciaba un mitin a celebrarse el 27 de marzo donde se denunciarían "muchos casos de ataques gubernamentales contra los derechos políticos y democráticos". El mitin era auspiciado por el Fondo para la Defensa de los Derechos Políticos (PRDF).

Lucha contra espionaje por parte del gobierno

"El PRDF", se indicaba en el volante, "está organizando la lucha que el Partido Socialista de los Trabajadores y la Alianza de la Juventud Socialista han librado por 15 años a través de su demanda judicial contra el espionaje y hostigamiento realizados por el gobierno. El pleito culminó con la histórica decisión del juez federal Thomas Griesa en agosto de 1986, con que reafirmó el derecho de propugnar ideas políticas. No obstante, el procurador general [Edwin] Meese está apelando este fallo".

Apenas dos semanas después de la detención de Curtis, el gobierno norteamericano retiró su apelación. El mitin del 27 de marzo se convirtió entonces en una celebración de esta victoria. Curtis, miembro del PST y ex secretario nacional de la AJS, habló en dicho evento. Explicó que el fallo en el pleito legal contra el gobierno era un arma importante en la lucha contra los intentos de la policía de fabricarle cargos.

El pleito fue una victoria importante que afirmó el derecho de realizar actividades políticas en Estados Unidos. El PST y la AJS habían iniciado su demanda judicial contra el FBI y otras agencias policiacas en 1973, acusándolas de espiar y sabotear ilegalmente a estas organizaciones. Pidieron que el tribunal ordenara el cese de estas actividades realizadas por el gobierno desde 1941 o incluso antes.

En 1986 el juez Griesa, que había sido nombrado por el presidente republicano Richard Nixon, falló que a pesar de haber espiado por varias décadas, el FBI no había podido ofrecer la más mínima prueba de que el PST y la AJS hubieran cometido actos ilegales. Al contrario, escribió, los espías del FBI acumularon "miles de informes donde se documentaban actividades pacíficas y legales por parte del PST y de la AJS". Estos soplones además llevaron a cabo órdenes del FBI de "frustrar el crecimiento de las organizaciones" y de "tratar de desbaratarlas".

En su dictamen Griesa describió detalladamente algunos de los 57 operativos de sabotaje realizados por el FBI: cartas anónimas y provocadoras, intentos de hacer que miembros del PST fueran despedidos de sus empleos e intrigas para tratar de desbaratar la colaboración entre el PST y grupos pro derechos de los negros así como organizaciones contra la guerra en Vietnam, entre otras cosas. El fallo también documentó 20 mil días de intercepciones telefónicas realizadas entre 1943 y 1963, así como 208 allanamientos ilegales perpetrados por el FBI a oficinas del PST y residencias de militantes del partido.

En 1987 los dos grupos socialistas ganaron una segunda orden judicial, que le prohibía al gobierno utilizar la información contenida en los 10 millones de páginas de expedientes ilegales descubiertos a raíz del pleito. Además, el tribunal le otorgó al PST y a la AJS una indemnización de 264 mil dólares por perjuicios. El FBI, la CIA, el SIN y varias otras agencias de espionaje habían presentado declaraciones juradas para argumentar en contra de esta prohibición. En ellas alegaron que cualquier restricción al uso de los expedientes obtenidos ilegalmente entorpecería su trabajo y haría peligrar "la seguridad nacional". En el contexto político de 1988, ante las revelaciones del escándalo Irán-contra, Washington decidió no apelar la orden judicial, ya que tal apelación habría llamado más la atención pública a sus actividades ilegales dentro de Estados Unidos.

Hostigan a activistas antiguerra

Poco después de que el PST y la AJS ganaran la prohibición judicial en 1987, quedó expuesto otro operativo ilegal del FBI: su espionaje contra el Comité de Solidaridad con el Pueblo de El Salvador (CISPES) y contra otros opositores de la política estadounidense en Centroamérica.

El Centro para los Derechos Constitucionales y CISPES obligaron al gobierno a admitir que, entre 1981 y por lo menos 1985, el FBI había acumulado 3 700 páginas de expedientes sobre cientos de activistas antiguerra y otros individuos, simplemente por sus creencias y actividades políticas.

En una conferencia de prensa en Des Moines poco después de su arresto, Curtis hizo públicos los expedientes en los cuales el FBI lo había fichado durante la campaña de espionaje contra CISPES. Curtis había participado en actividades antiguerra en Birmingham, Alabama, entre 1981 y 1985. En uno de los documentos el FBI lo menciona como uno de tres individuos que "desempeñan un papel dirigente en el [capítulo de CISPES del] área de Birmingham".

Otro documento del FBI describe las actividades del grupo. El capítulo de CISPES, señala, "ha realizado varias protestas pacíficas en el área de Birmingham. El grupo protesta contra el involucramiento de Estados Unidos en Centroamérica y el Caribe... El mencionado grupo propugna la 'paz, no simplemente la ausencia de guerra sino el fomento de la vida humana'".

También en los expedientes del FBI había un recorte del diario *Tuscaloosa News* del 10 de noviembre de 1983, que informaba sobre una protesta antiguerra en Tuscaloosa, Alabama. La nota mencionaba que Curtis habló en el mitin denunciando la reciente invasión de Granada por tropas norteamericanas.

La existencia de expedientes del FBI sobre Mark Curtis y sobre el PST, la AJS y CISPES fue una de las pruebas importantes que el juez le prohibió a Curtis presentar en su juicio.

Luchas en la industria de la carne

Curtis se mudó a Des Moines en 1986 inspirado por otra batalla importante que entonces se desarrollaba: la resistencia de los obreros empacadores de carne ante los ataques patronales en la región norte-central del país.

La arremetida contra los obreros de la carne comenzó en 1982 cuando la empresa Iowa Beef Processors exigió de sus empleados en Dakota City, Nebraska, grandes reducciones salariales y cambios en las normas de trabajo. La compañía derrotó una huelga del sindicato de la industria alimenticia UFCW en esa ciudad. Otras grandes compañías empacadoras exigieron concesiones similares y amenazaron a los obreros con cerrar las fábricas si no accedían. Para 1985 habían reducido el salario promedio de $10.69 por hora a $8.24 por hora y habían eliminado 24 mil empleos en las fábricas procesadoras de carne. El índice de lesiones en esa industria subió vertiginosamente al aumentar el ritmo de producción.

Por varios años predominó esta pauta de contratos llenos de concesiones, promovidos por los funcionarios del UFCW y ratificados en votación por los trabajadores. Pero a mediados de los años 80, grupos de trabajadores comenzaron a oponer resistencia ante los ataques de la patronal.

En 1985–86 salieron en huelga los miembros del Local P-9 del UFCW en la planta de la compañía Hormel en Austin, Minnesota. Los obreros del Local P-9 decidieron luchar en vez de votar a favor de más concesiones a cambio de la promesa de que las cosas mejorarían a la larga. Los huelguistas comenzaron a controlar su propio sindicato a nivel local y a buscar la solidaridad de otros sindicalistas y trabajadores alrededor del país.

El ejemplo de firmeza de los trabajadores de la Hormel contribuyó a una ola de huelgas en la industria empacadora de carne en toda la región. En muchas de estas batallas los obreros estaban en gran desventaja y en algunos casos, como en la huelga contra la Hormel, fueron derrotados. No obstante, muchos trabajadores llegaron a la conclusión de que era mejor pelear que simplemente rendirse ante las demandas de la patronal. Estas luchas representaron una ruptura importante con la tendencia conciliacionista en el movimiento obrero en Estados Unidos.

Esta lucha motivó a Curtis y a muchos otros miembros del Partido Socialista de los Trabajadores a mudarse a la región norte-central y fundar nuevas ramas del partido en

TOM JAAX

Cinco mil personas marcharon el 12 de abril de 1986 en apoyo a huelguistas del Local P-9 del sindicato de la industria alimenticia UFCW en Austin, Minnesota. Las luchas de los obreros de la carne ayudaron a romper tendencia de grandes concesiones a los patrones por el movimiento sindical estadounidense.

tres ciudades: Des Moines, Austin y Omaha, Nebraska. Allí participaron en las luchas en la industria procesadora de carne y en las luchas de los pequeños agricultores contra la expropiación de sus tierras por los bancos.

Los dueños de las plantas empacadoras muchas veces respondían a estas luchas obreras recurriendo a la intimidación y al hostigamiento. La Hormel, por ejemplo, despidió a Bob Langemeier, un activista sindical en la fábrica de Fremont, Nebraska, por negarse a cruzar la línea de piquetes que habían montado los huelguistas del Local P-9 de Austin. Durante la lucha para restituir a Langemeier a su puesto, se reveló que la compañía había contratado a un investigador privado para espiar sus actividades políticas y sindicales. Entre otras cosas, el policía privado espió un mitin público en Des Moines auspiciado por el Militant Labor Forum —un mitin que Curtis ayudó a organizar y en el cual participó— donde Langemeier habló sobre la huelga contra la Hormel. Más tarde, el policía dijo que para grabar la reunión se había subido a un bote de basura en el exterior del local y había sostenido su grabadora frente a un respiradero.

Poco después de mudarse a Des Moines, Curtis consiguió trabajo en la fábrica empacadora de la Swift. Las condiciones en esa fábrica eran las típicas que los patrones les habían impuesto a los trabajadores en esa industria. Los salarios comenzaban desde $5.40 por hora y no pasaban de los $8.00 por hora. En 1987 casi el 80 por ciento de los obreros sufrió lesiones en el trabajo. A raíz del ritmo inhumano de la línea de producción, eran comunes las lesiones como las cortaduras de cuchillo, amputaciones y el síndrome del túnel carpiano, causado éste por movimientos repetitivos de las manos y los brazos. En el año anterior al arresto de Curtis, la Swift había contratado a un total de 3 mil obreros en esa fábrica, pero en ningún momento habían trabajado a la vez más de 600 personas.

PHIL NORRIS

Curtis (derecha) en mitin de apoyo a obreros de la carne en huelga en Sioux Falls, Dakota del Sur, mayo de 1987.

En la Swift, Curtis destripaba ganado, un trabajo muy arduo. En diciembre de 1987 se lastimó la espalda, pero el capataz le prohibió ir al médico. Al cabo de un par de horas el dolor se volvió tan insoportable que Curtis abandonó la línea de producción. La compañía lo despidió, pero logró recuperar su puesto con el apoyo de sus compañeros de trabajo y de su sindicato.

Esta victoria era excepcional para los trabajadores de la Swift. Al principio, cuando Curtis les planteó a otros trabajadores la idea de luchar para recuperar su puesto, la mayoría se mostró dudosa de que ganaría. Pero él explicó la importancia de que el sindicato defendiera a los miembros en estas situaciones y logró el apoyo necesario de su sección sindical.

Lucha contra el racismo de la policía

El volante que la policía encontró en el auto de Curtis señalaba la necesidad de responder a “los ataques racistas

STU SINGER

Curtis muestra archivos del FBI que detallan cómo espiaron sus actividades en contra de la intervención militar norteamericana en Centroamérica.

como el aviso de la policía en Clive, Iowa, de denunciar la presencia de 'hombres negros'" en esa comunidad. Esto se refería a otra lucha en la cual Curtis había participado en las semanas anteriores.

Clive es un pequeño suburbio de Des Moines que tiene muy pocos residentes que son negros. A principios de febrero de 1988, la policía de Clive había distribuido un volante donde mencionaba un robo reciente y describía al sospechoso como un hombre negro de gran tamaño. En el volante se leía: "Si de noche usted ve a un hombre negro en su vecindario, por favor llame inmediatamente a la policía de Clive para que averigüemos de quién se trata".

El volante indignó a mucha gente. La Asociación Nacional para el Avance de la Gente de Color (NAACP), la Unión pro Libertades Civiles de Iowa, la Comisión de Derechos Humanos de Des Moines, muchos residentes de Clive y otros más denunciaron este racismo descarado. Algunas de estas fuerzas organizaron una marcha de protesta el 20 de febrero frente al ayuntamiento de Clive. El consejo municipal de Clive, sintiendo la presión, se retractó en público y emitió una carta donde ofrecía disculpas por el volante. Sin embargo, el consejo rehusó tomar medidas disciplinarias contra el jefe de policía y la protesta se desarrolló según se había planeado.

Curtis fue uno de los 400 manifestantes que participaron en la marcha. Al final de la manifestación, montó una mesa sobre el césped del cuartel de policía para vender el periódico *The Militant* y libros y folletos sobre socialismo de la librería Pathfinder en Des Moines.

Debido a las actividades sindicales y políticas que había realizado desde que se había mudado a Des Moines a fines de 1986, era fácil identificar a Mark Curtis como firme luchador por los derechos democráticos y por los intereses de los negros, de los inmigrantes y de todos los trabajadores.

5

Se inicia la campaña en defensa de Mark Curtis

Siendo un activista sindical y militante del Partido Socialista de los Trabajadores por muchos años, Mark Curtis sabía que haría falta una fuerte campaña política de defensa para derrotar los intentos de la policía de procesarlo y ponerlo en prisión injustamente, por lo que buscó la ayuda de otros trabajadores combativos. Para lograr este objetivo era necesario organizar un comité de defensa público donde pudieran participar —independientemente de su afiliación política— todos los que quisieran combatir lo que evidentemente era un caso político de cargos fabricados.

En la marcha del 12 de marzo de 1988, donde unas 200 personas se unieron para protestar contra la redada de la migra en la Swift, Curtis habló con los medios noticiosos sobre lo que le había ocurrido un poco más de una semana antes. Ayudó a distribuir un volante titulado: "Denunciemos la violencia policiaca y las acusaciones fabricadas por la policía en Des Moines". El volante instaba al público a asistir ese mismo día a una reunión en la librería Pathfinder.

Asistieron más de 40 personas, entre ellas varios obreros de la fábrica Swift, miembros de la Red de Acción de Ciudadanos de Iowa, estudiantes de la Universidad de Iowa y de la Universidad de Drake, y Jane Curtis, madre de Mark. Decidieron organizar una conferencia de prensa para difundir la verdad sobre el arresto del activista político. Además, Curtis instó a los presentes a enviarle telegramas al

STU SINGER

Periodistas entrevistan a Curtis en acto de defensa de los 17 de Swift, 12 de marzo de 1988.

jefe de policía de Des Moines, William Moulder, exigiendo que retiraran los cargos y denunciando el trato brutal que sufrió a manos de la policía.

En una reunión de sus partidarios celebrada el 27 de marzo, se fundó oficialmente el Comité de Defensa de Mark Curtis.

Hazel Zimmerman, por muchos años tesorera del comité

de defensa, fue una de las personas que conocieron a Curtis durante la manifestación a favor de los 17 de la Swift. En una entrevista en 1988, Zimmerman dijo que cuando vio a Curtis en esa ocasión, con el rostro aún magullado y cortado por la paliza que le había dado la policía, "fui en busca de los hechos". Al encontrarlos, dijo, decidió ir "en busca de justicia".

Cuando Stu Singer, amigo y colaborador político de Curtis, se enteró del arresto la noche del 4 de marzo, inmediatamente llamó a la cárcel municipal para averiguar el monto de la fianza. Sin embargo, la policía contestó con evasivas. Primero negaron que Curtis estuviera allí, luego dijeron que no estaban seguros, y al final dijeron que estaban "fichando" a alguien en el cuarto trasero y que llamara más tarde.

En realidad, la policía en ese momento le estaba dando una paliza a Curtis.

A las 8:00 de la mañana siguiente, llegó a la cárcel una delegación de amigos y compañeros de trabajo de Curtis y activistas de la comunidad. Gracias al hecho de que una persona ofreció su fondo fiduciario y otras cinco pusieron sus automóviles como garantía, se lograron reunir los 30 mil dólares de fianza. A eso de las 2:00 de la tarde Curtis pudo salir de la cárcel.

El hecho de que se le pudo sacar de la cárcel en menos de 24 horas fue el primer golpe contra el caso fabricado por la policía, así como el inicio de su campaña de defensa. Un examen médico completo con radiografías reveló que la policía le había fracturado el pómulo al golpearlo con una macana. Singer fotografió a Curtis. Esta fotografía demostró lo que le habían hecho a Curtis esa noche; en 1992 sirvió de prueba importante cuando ganó una demanda judicial contra los policías que lo habían agredido. Asimismo, la foto ha servido para explicarles a otros trabajadores alrededor del mundo de lo que se trata este caso.

En busca de apoyo amplio

Curtis y sus partidarios en el Comité de Defensa de Mark Curtis buscaron ampliamente el apoyo de obreros, agricultores, estudiantes y defensores de los derechos democráticos, explicándoles los hechos del caso. Fueron a reuniones sindicales y a entradas de fábricas, incluida la fábrica Swift. Difundieron el caso en actividades políticas, por ejemplo una protesta realizada el 17 de marzo en Des Moines contra las acciones militares de Washington en Centroamérica. Curtis habló ante la Comisión de Derechos Humanos de Des Moines y otros organismos. Realizó una gira para hablar de su caso con sindicalistas y activistas políticos en otras partes del país.

En una rueda de prensa celebrada el 19 de marzo —a la que además de los medios de difusión asistieron unas 50 personas entre trabajadores, estudiantes, activistas antiguerra y antirracistas, y luchadores por los derechos de la mujer— Curtis detalló lo que había hecho el día de su arresto. Hizo públicos los expedientes que el FBI había acumulado sobre sus actividades como activista antiguerra en Birmingham, Alabama.

Ya entonces comenzaban a llegar a Des Moines los mensajes de apoyo. El presidente en Iowa del Movimiento Agrícola Norteamericano, Carroll Nearmyer, escribió, "como ciudadano de Estados Unidos y agricultor, me preocupa que los humildes del mundo se vean acosados por los gobiernos del mundo, por las autoridades y la policía, [por lo que] tenemos que unirnos y defendernos".

Entre los que hablaron en la conferencia de prensa estaba Pat Kearns, estudiante de la Universidad de Iowa en Iowa City. Kearns se solidarizó con Curtis a nombre suyo y de otros 17 estudiantes que acababan de ser exonerados de acusaciones de entrada ilegal a raíz de una protesta contra la CIA.

El diario *Des Moines Register* informó el 4 de mayo de 1988 que "la policía de Des Moines ha recibido más de 400 cartas de todo el país exigiendo que sean desechados los cargos contra Mark Curtis, el empleado de la fábrica Swift que ha sido acusado de intento de delito sexual... Muchas de las cartas van acompañadas de peticiones firmadas por decenas de partidarios de Curtis. La policía dice que algunas de las cartas incluso fueron franqueadas en el exterior".

SYLVIA GIESBRECHT

Edna Griffin y Robert Berry fueron de los primeros en denunciar el caso amañado contra Curtis. Ambos eran veteranos activistas políticos en Des Moines.

6

El gobierno, los fiscales y sus amigos

Desde un principio, la policía, los fiscales y los funcionarios de Des Moines trataron de neutralizar el apoyo que Curtis estaba logrando. Individuos que se identificaban como representantes de la policía de Des Moines y de la oficina del alguacil del condado de Polk llamaron a algunas de las personas que le habían enviado mensajes de protesta al jefe de la policía, preguntándoles si realmente habían escrito esas cartas.

El alcalde de Des Moines, John Dorrian, acudió a la defensa de la policía. Doug Womack, presidente del Local 893 del sindicato automotriz UAW en Marshalltown, Iowa, le había escrito al alcalde el 28 de marzo respecto al caso de Curtis: "No tengo idea si son ciertas o no las acusaciones planteadas por cualquiera de las partes", dijo Womack, "¡Pero tampoco soy tan ingenuo como para creer que no suceden cosas de esta índole!" Dorrian le contestó la carta tratando de impugnar la campaña de defensa. La carta del alcalde contenía muchos de los principales argumentos que posteriormente serían usados por las fuerzas partidarias de las acusaciones falsas contra Curtis.

Descartando la presunción de la inocencia, Dorrian partió de la base de que Curtis —por ser *acusado* de abuso sexual y de atacar a dos policías— tenía que ser culpable. El alcalde repitió la versión de los policías de que, mientras interrogaban a Curtis, éste "atacó y lesionó a uno de los agentes. Al ser refrenado, el señor Curtis sufrió una lesión en la ceja derecha". En realidad, fue su pómulo izquierdo el que fracturaron, requiriendo 15 puntadas.

Dorrian también fue el primero en tratar de desacreditar a Curtis como activista político, lo cual se convertiría en elemento característico de la campaña promovida por los partidarios de la fiscalía. Aunque "Curtis se presenta como un importante activista social que se ha destacado en marchas de protesta", dijo Dorrian, "un vocero de la rama local del Concilio Nacional de Cristianos y Judíos desmiente el que el señor Curtis sea un líder destacado de la comunidad. Asimismo, los miembros de la Comisión de Derechos Humanos no conocían al señor Curtis antes de su arresto. Hemos consultado con líderes hispanos y ellos reconocen las incongruencias contenidas en su alegato".

Curtis contestó la carta del alcalde diciendo: "Yo no alego ser un líder destacado. He sido activista durante más de 10 años contra la guerra en Centroamérica, contra el racismo, en apoyo a los derechos de la mujer, en defensa de los inmigrantes, y en apoyo a los sindicatos y los agricultores".

Curtis explicó cómo se desempeñaba como sindicalista de base: "Mis compañeros de trabajo, así como la gerencia de la Swift, saben que abogo por mejores condiciones de seguridad y trabajo. Hablo español y defiendo activamente los derechos de los trabajadores inmigrantes". Él y sus partidarios habían de explicar repetidamente este hecho al contestarles a los que más tarde impugnarían su trayectoria como sindicalista señalando que él no era funcionario sindical.

Otros se suman al ataque

Otras fuerzas, tanto en Des Moines como en otras ciudades, se pusieron de parte de la policía y de la fiscalía. Keith Morris, padre de la joven que acusó a Curtis de violarla, amenazó y atacó en repetidas ocasiones a Curtis y al Comité de Defensa de Mark Curtis.

El ataque más grave ocurrió el 15 de julio de 1988, cuando Morris rompió la vitrina de la librería Pathfinder en Des Moines, donde el comité de defensa alquila espacio para su local. Curtis estaba en la librería en ese momento, pero logró salir por otra puerta. Justo antes del ataque, Morris les había dicho a dos policías que iba a "armar bronca", pero la policía no hizo nada para impedírselo. También amenazó a Curtis durante una audiencia judicial tres días antes sin que el juez hiciera nada al respecto.

Las autoridades se negaron a formular cargos contra Morris, por lo que el dueño de la librería tuvo que recurrir al tribunal de reclamos menores para obligar a Morris a pagar dos mil dólares por los daños causados a la tienda.

La fiscalía también recibió el respaldo de la Liga Obrera. Este grupo, que se reclama socialista, se ha ganado la desconfianza y el odio de muchos trabajadores por sus intentos de desbaratar luchas obreras. Se especializa en atacar a sindicatos que están en huelga, entre ellos el sindicato minero UMWA, el sindicato de la industria papelera UPIU y muchos otros. El periódico de la Liga Obrera, el *Bulletin* (luego llamado el *International Workers Bulletin),* publicó frecuentes artículos donde atacó a Curtis y su campaña de defensa. En los meses previos al juicio, miembros de este grupo distribuyeron una declaración titulada "El extraño caso de Mark Curtis" donde promovían los argumentos de la fiscalía.

Asimismo, ciertas fuerzas políticas en Des Moines que decían hablar en defensa de los derechos de la mujer y de los negros hicieron campaña en contra de Curtis. Declararon que él era culpable y que debía ser encarcelado, resaltando el hecho de que la adolescente de 15 años a quien se le acusaba de abusar es negra.

Activistas vinculados al Servicio Pro Víctimas del Condado de Polk, una agencia que ofrece servicios de consulta a víctimas de violación sexual, entre otros, se esforzaron por convencer a la gente de que no apoyara a Curtis, aceptando la versión policiaca como hecho confirmado. Los opositores de la campaña de defensa difundieron las palabras de la directora del Servicio Pro Víctimas, Marti Anderson, quien dijo que "éste es un caso claro de violación" y "Curtis es culpable".

Miembros del capítulo de Des Moines del Frente Unido Negro Nacional también se sumaron a la campaña de la fiscalía para declarar culpable a Curtis.

7

Niegan presunción de inocencia

En vísperas de su juicio, la amplitud de la solidaridad con Curtis y con su campaña internacional de defensa se vio reflejada en un mitin celebrado el 4 de septiembre de 1988. Más de 400 personas asistieron para escuchar a una amplia gama de combatientes, quienes hablaron sobre el caso de Curtis y lo compararon con sus propias experiencias.

Edna Griffin de Des Moines, entonces de 78 años de edad, estuvo entre los oradores. La veterana activista política y luchadora pro derechos civiles dijo a la multitud presente que cuando leyó en la prensa que las autoridades pretendían enjuiciar a un hombre blanco acusado de violar a una joven negra, se preguntó, "¿Qué cosa nueva es ésta? ¿Desde cuándo se preocupan tanto del abuso sexual, ya no se diga de la violación, de nuestras jóvenes negras?".

Griffin contestó su propia pregunta un poco más tarde, cuando, según le dijo a Margaret Jayko, reportera de *Perspectiva Mundial,* "supe que él habla español, y que representa un gran peligro porque puede comunicarse con trabajadores de habla hispana". Griffin tiene razón: para los gobernantes del estado de Iowa, Mark Curtis es verdaderamente un hombre peligroso.

En la tribuna se encontraban también Susan Mnumzana, secretaria de asuntos de la mujer en la misión del Congreso Nacional Africano de Sudáfrica ante Naciones Unidas; el novelista y poeta Piri Thomas; y Jack Barnes, secretario nacional del Partido Socialista de los Trabajadores.

"Mark Curtis no va a recibir un juicio justo", dijo Barnes. "No es en la sala del tribunal donde se decidirá si es inocente o culpable ni donde habrá justicia".

"Nadie tiene la obligación de probar la inocencia de Mark Curtis", dijo Barnes, destacando los principales elementos políticos que los partidarios de Curtis debían tener en cuenta al comenzar el juicio el 7 de septiembre. "La presunción de la inocencia fue una conquista que al pueblo trabajador le tardó siglos ganar. No es una ilusión jurídica. No es algo que uno puede escoger o rechazar a su antojo, dependiendo de sus opiniones o del individuo al que se acuse.

"Es una conquista muy reciente en la historia de la humanidad", afirmó Barnes. "No debemos darlo por sentado, porque el departamento de policía de Des Moines, junto con la fiscalía del condado de Polk, el FBI, la prensa liberal, todos están tratando de arrebatarnos ese derecho. No solo a Mark, sino a todos nosotros.

"En los Estados Unidos 'democráticos' lo que impera es la presunción de la culpabilidad", explicó Barnes. "En Estados Unidos, el sábado por la noche siempre es temporada de caza contra cualquier joven negro, contra cualquier joven puertorriqueño. Es temporada de caza contra la mujer la mayor parte del tiempo. Lo que rige no es la presunción de la inocencia sino el horror de la culpabilidad".

Excluyen pruebas de golpiza

Efectivamente, Curtis no recibió un juicio justo. El tribunal exigió que él demostrara su inocencia, y no que la fiscal

ERIC SIMPSON

ERIC SIMPSON

Oradores en mitin de defensa en Des Moines, 4 de septiembre de 1988. Arriba: (al micrófono) Jack Barnes, secretario nacional del Partido Socialista de los Trabajadores; (de izq. a der.) Mark Curtis; Ellen Whitt y Nan Bailey, activistas del comité de defensa y Hazel Zimmerman, tesorera del comité de defensa. Abajo, izquierda: Carroll Nearmyer, del Movimiento Agrícola Norteamericano. Abajo, derecha: Susan Mnumzana del Congreso Nacional Africano.

demostrara su culpabilidad. Para colmo, el juez prohibió que el jurado se enterara de la mayor parte de las pruebas claves en defensa de Curtis.

A petición de la fiscal, el juez Harry Perkins dictaminó aún antes de comenzar el juicio que todo testimonio sobre la golpiza sufrida por Curtis a manos de los policías era "ajeno al caso y sin importancia", y que no podía presentarse ante el jurado. La fiscal Catherine Thune alegó que, ya que los dos policías que lo habían agredido en la comisaría no eran los mismos que lo habían arrestado, la golpiza no tenía nada que ver con los cargos de violación.

Durante el proceso de peticiones legales previo al juicio, el abogado defensor Mark Pennington explicó que los hechos sobre la golpiza estaban directamente relacionados al caso. "Ciertamente tenemos derecho a presentar pruebas para la defensa", dijo Pennington, y "Mark Curtis va a testificar que un agente de policía de Des Moines lo colocó en una posición incriminante...

"Si bien los agentes que participaron en la pelea y la golpiza en el Departamento de Policía de Des Moines fueron diferentes del agente González", dijo Pennington refiriéndose al policía que arrestó a Curtis, "creo que es pertinente demostrar el prejuicio institucional contra Mark Curtis. Si el jurado tendrá que deliberar y sopesar si existe o no la posibilidad de que un agente de la policía de Des Moines colocó conscientemente al señor Curtis en una posición incriminante, ¿no debería entonces tener el jurado la oportunidad de escuchar otras pruebas del prejuicio institucional contra el señor Curtis y el hecho de que fue golpeado posteriormente en la estación de policía?"

Al alegar que la golpiza no era pertinente al caso, Thune dijo que ese asunto sería tratado en otro juicio, donde Curtis sería acusado de agredir a los dos policías que lo habían interrogado. Sin embargo, el segundo juicio nunca ocurrió porque el propio gobierno decidió retirar su acusación.

Excluyen expedientes del FBI

Durante la audiencia previa al juicio y durante el juicio, el juez Perkins se aferró a su decisión de excluir pruebas que demostrasen la posibilidad de que la policía de Des Moines había fabricado cargos falsos por razones políticas.

Por ejemplo, Perkins prohibió que el jurado se enterara del hecho de que el nombre de Mark Curtis aparecía en los expedientes acumulados por el FBI durante un operativo de espionaje y sabotaje contra CISPES. En las audiencias previas al juicio Pennington planteó, "¿Acaso el jurado no tiene derecho de saber que anteriormente el FBI ha opinado que Mark Curtis era lo suficientemente importante como para gastar tiempo, energía y esfuerzos para averiguar su paradero, vigilarlo y que, gracias a la Ley de Libertad de Información, se han obtenido documentos del FBI que indican que ellos tenían conocimiento de Mark Curtis a partir de sus actividades a favor de CISPES, entre otras? Su señoría, ¿no debería el jurado escuchar dicho elemento de prueba?"

Perkins contestó: "Aquí vamos a juzgar [el caso de] una agresión contra una persona que dice que fue él quien cometió dicha agresión, y un allanamiento de morada, y me parece que ése es el juicio que estamos celebrando. Aquí no vamos a juzgar ni al FBI ni a Mark Curtis por otras cosas que él pudo o no haber hecho".

Testigo principal fue suspendido anteriormente por mentir

En el juicio Pennington le preguntó al principal testigo de la fiscalía —el agente González— si alguna vez había sido suspendido "por mentir sobre los detalles de aquel incidente que ocurrió mientras usted era agente de policía de la ciudad de Des Moines". Antes de que el policía pudiera contestar, Thune objetó y pidió discutir el asunto en el despacho del juez. En ausencia del jurado, Perkins decidió "aceptar la objeción en base a la pertinencia. Me parece que abriría toda una caja de Pandora en cuanto a las pruebas".

A petición de Pennington, González fue interrogado en el despacho del juez para que quedara constancia en el acta en caso de que se apelara el proceso. González confirmó que había sido suspendido 10 años atrás, pero aseveró que había mentido "para proteger a un informante".

En realidad, según un artículo publicado en el *Des Moines Register* el 24 de mayo de 1978, González "fue suspendido por cuatro días por usar fuerza innecesaria y por 10 días por 'mentir' sobre los detalles del incidente". En dicho "incidente" González y otro policía agredieron a dos jóvenes —uno de los cuales había sido arrestado tan solo por tener una citación de tránsito vencida— y después mintieron para encubrir lo que él y su socio habían hecho. Según el fiscal municipal de entonces, uno de los jóvenes había sufrido una lesión en la cabeza; el otro había sido agarrado y tirado por el cabello. El caso no salió a la luz pública sino hasta dos meses más tarde cuando uno de los jóvenes ganó una indemnización extrajudicial por los daños sufridos.

En una audiencia anterior, el juez Anthony Critelli se había negado a ordenar que el gobierno de Iowa entregara los expedientes de González para que la defensa pudiera ver qué otros "incidentes" aparecían en su historial.

Como señaló Pennington en el despacho del juez, el hecho de que González "ha sido suspendido por mentir sobre un incidente siendo él policía… pone en tela de juicio su credibilidad e imparcialidad". No obstante, al jurado no se le permitió conocer este hecho.

Muchos otros aspectos del juicio contra Curtis tampoco fueron justos.

Con el objetivo innegable de asegurar que Curtis pasaría mucho tiempo en prisión, los fiscales le montaron —un mes después de su arresto— el cargo de allanamiento de morada en primer grado, que supone una condena obligatoria de 25 años de prisión. Nadie alegó que Curtis se hubiera robado nada; el solo hecho de estar presente en el hogar de la presunta víctima constituyó "allanamiento de morada" según las leyes de Iowa. El otro cargo contra Curtis, el de abuso sexual en tercer grado, se castiga solo con 10 años de prisión. Al principio los fiscales habían acusado a Curtis de abuso sexual en segundo grado, pero ese cargo habría exigido que ofrecieran pruebas de que Curtis había portado un arma o que había amenazado de muerte a la presunta víctima o con lastimarla gravemente. Redujeron esta acusación durante la audiencia donde se le instruyó de cargos.

No fue juzgado por sus semejantes

Los opositores de la campaña en defensa de Curtis argumentan que, por el hecho de que Curtis es blanco y que los 12 jurados que lo condenaron también son blancos, Curtis fue juzgado por un jurado de sus semejantes. Pero no es así.

Mark Curtis es un trabajador. Los trabajadores, especialmente los que son negros o latinos, viven experiencias muy diferentes de las de aquellos blancos de clase media que constituyeron la mayoría del jurado en el juicio de Curtis. Es más probable que los trabajadores tengan conocimiento directo de casos de violencia policiaca o de cargos fabricados por la policía. Los trabajadores tienden a ser menos propensos a aceptar incondicionalmente la palabra de un policía contra la palabra de un trabajador.

Pocos años después del juicio contra Curtis, el tribunal de apelaciones de Iowa dictaminó que el condado de Polk, que comprende la ciudad de Des Moines, selecciona a los jurados mediante métodos que "excluyen a los pobres y por tanto a las minorías". El 26 de junio de 1992, el diario *Des Moines Register* informó que según el tribunal de apelaciones de Iowa, "el método que sigue el condado de Polk para escoger a los miembros de jurados discrimina contra los negros y sistemáticamente los excluye de dichos jurados".

El jurado que decidió el veredicto de culpabilidad contra Curtis no estaba formado por sus semejantes. En él no había negros y había solo una persona afiliada a un sindicato.

Juez eliminó a hispano del jurado

Además, el juez Perkins eliminó del jurado al único hispano, pese a las objeciones de los abogados defensores. Justo antes de que comenzara el juicio, el jurado James García dijo que no creía que podría deliberar con justicia en el caso, ya que conocía dos de los lugares mencionados en el juicio: el Centro Comunitario Unido Mexicano-Americano y la cantina Los Compadres.

"Dicho conocimiento de ninguna manera descalificaba al señor García de ser jurado, ni constituía parcialidad o prejuicio contra el Estado de Iowa o contra el acusado" señalaron los abogados defensores después de la condena de Curtis, en una moción donde solicitaron un nuevo juicio. "No hubo motivo legal para retirar a James García del jurado; al quitar al único jurado de ascendencia mexicano-americana, le negaron al acusado el derecho a ser juzgado por una sección representativa de la comunidad, negándole así el derecho a un juicio justo e imparcial".

En una declaración jurada presentada varias semanas después del veredicto, Blanche Stockbauer, que fue miembro del jurado, afirmó que no había quedado convencida de que Curtis fuera culpable más allá de toda duda razonable. "Aunque al final sí voté de que era culpable", agregó, "yo creo que Mark Curtis no es culpable del crimen del que lo acusan. Yo no sabía que, de haber mantenido mi voto contra su culpabilidad, el juicio habría sido anulado, conduciendo a un nuevo juicio para el señor Curtis.

"Uno de los jurados expresó durante las deliberaciones que había llegado a la conclusión de que Curtis era culpable incluso antes de que la defensa presentara prueba alguna en este caso", agregó Stockbauer.

También hubo un segundo informe alegando que uno de los jurados había actuado indebidamente —fraternizando con la familia Morris— , pero nunca se investigó.

Falta de pruebas creíbles

Pese a los hechos que fueron excluidos del tribunal, mucha de la gente que asistió al juicio quedó convencida de que el gobierno no tenía pruebas creíbles contra Curtis.

"Me sorprendió el veredicto" de culpable de ambos cargos, le dijo Nellie Berry a la reportera Margaret Jayko de *Perspectiva Mundial* poco después del juicio. Berry dijo que trató de escuchar el testimonio y las pruebas como si no hubiera tenido conocimiento previo del caso, y había llegado a la conclusión de que eran tantas las contradicciones en el caso presentado por la fiscalía que resultaba "casi imposible" llegar a un veredicto de culpable.

Robert Berry, esposo de Nellie, dijo no estar sorprendido. "Conozco el sistema judicial", afirmó. "Hasta ejecutan a gente inocente". Robert y Nellie Berry son desde hace mucho tiempo activistas políticos en Des Moines. Se enteraron del caso de Curtis durante una manifestación contra las maniobras guerreristas del gobierno norteamericano en Centroamérica.

Julia Terrell era vecina de Curtis. “Mi primera reacción”, al enterarse de que lo habían arrestado y acusado de violación, dijo Terrell, fue: “¿A quién tenemos viviendo al otro lado de la calle?” Después vio la tremenda paliza que sufrió Curtis a manos de la policía y “entonces entendí que algo olía muy mal.

“Cuando comenzó el juicio yo creía que él era inocente”, dijo Terrell. “Cuando terminó el juicio, *sabía* que era inocente”.

8

Lo que reveló el juicio

Decenas de personas colmaron el tribunal del condado de Polk en Des Moines, Iowa, el 7 de septiembre de 1988, para observar el juicio de Mark Curtis. Entre los presentes había sindicalistas, agricultores, activistas pro derechos civiles y miembros del clero. Algunos ya apoyaban la lucha del joven activista sindical y socialista contra las acusaciones fabricadas; otros no estaban seguros, pero albergaban sospechas de la versión policial.

La primera testigo de la fiscalía fue Demetria Morris, de 16 años. Ella atestiguó que el 4 de marzo de 1988, cuando tenía 15 años, fue atacada sexualmente en el pórtico delantero de su casa.

Morris dijo que esa noche un hombre que dijo llamarse Mark tocó a la puerta de su casa. Acompañada de su hermano Jason, ella abrió la puerta pensando que se trataba de su hermano Mark, pero se encontraron con un extraño que preguntó por otra dirección en la misma cuadra. Ella dijo que mientras hablaba con este hombre, su hermano Jason se volvió a meter a la casa. Morris declaró que cuando le dijo al extraño que se fuera a buscar la casa por la que

YVONNE HAYES

El abogado defensor Mark Pennington se dirige al jurado durante juicio, septiembre de 1988.

preguntaba, éste abrió a la fuerza la puerta del pórtico encerrado donde ella estaba parada, le dijo que tenía un cuchillo, e intentó violarla. En el tribunal ella juró que ese hombre era Mark Curtis.

Sin embargo, no hubo prueba física alguna que confirmara el alegato de Morris de que Curtis la había atacado. La joven afirmó que el ataque duró un buen rato y que los dos forcejearon en el piso del pórtico, que estaba cubierto de tierra, hojas de árbol y pelos de perro. Por su descripción del forcejeo, uno pensaría que en la ropa de ambos se encontrarían muestras de contacto con el piso. La sudadera, los pantalones y la ropa interior de Morris estaban sucios con pelos de perro y tierra, y se encontraron hojas secas en su cabello. Pero sobre la ropa de Curtis no se encontraron rastros ni de hojas ni de pelos de perro.

Paul Bush, investigador forense de la División de Investigaciones Criminales de Iowa, examinó las ropas de Morris y de Curtis. No encontró fluido seminal en la ropa de ninguno de los dos, ni tampoco intercambio de vellos públicos. "Respecto al contacto sexual, no encontré ni fluido seminal ni pelos que vinculen a los dos individuos", le dijo Bush al jurado.

Además de la falta de pruebas físicas que vincularan a Curtis al delito del cual se le acusaba, hubo muchas contradicciones en el testimonio de Morris, de su hermano y de los dos policías que arrestaron a Curtis.

Curtis tenía coartada

La falla más notable en el argumento de la fiscalía era el hecho de que Curtis tenía una coartada irrebatible para el momento en que, según insistió la joven, había comenzado el ataque.

Morris dijo que alguien tocó a la puerta cinco minutos después de que ella había contestado una llamada telefónica de un extraño. Tanto en su declaración previa al juicio como en el propio juicio, Morris testificó que la llamada telefónica ocurrió justo cuando comenzaba el programa de televisión "Video Soul".

La joven dijo que ese programa normalmente comenzaba a las 7:30 P.M. Según el listado de programas de la emisora, el programa en realidad comenzó a las 8:00 P.M. el 4 de marzo, lo que significa que el ataque habría ocurrido entre las 8:05 P.M. y las 8:10 P.M.

Sin embargo, Brian Willey, compañero de trabajo de Curtis en la empacadora Swift, testificó que entre las 7:30 y las 8:30 de esa noche él había estado con Curtis en Los Compadres, y que la cantina estuvo abarrotada de gente. Allí compartieron una jarra de cerveza con un tercer trabajador de la Swift. Conversaron sobre el arresto de los obreros ocurrido unos días antes en la fábrica, el paro realizado esa tarde, y el mitin de protesta contra la redada de la migra al que Curtis acababa de asistir. Willey dijo que estaba seguro que Curtis se había ido a las 8:30 "porque yo tenía cita con otra gente a las 9:00 y a cada rato miraba mi reloj".

Bajo las leyes de Iowa, esta coartada —que no fue refutada por los fiscales— era motivo suficiente para absolver a Curtis. Pero el juez Perkins rechazó una petición de la defensa de mencionar el aspecto referente a la coartada en las instrucciones finales al jurado.

La descripción que Morris dio del hombre que según ella la atacó no cuadró con Curtis. Por ejemplo, la joven insistió en que su atacante llevaba puesto un cinturón y que ella vio y escuchó cuando se lo desabrochaba. Pero esa noche Curtis no tenía puesto un cinturón, y los policías tampoco encontraron uno al investigar el incidente. Ella también aseveró que el atacante tenía aliento de fumador. Pero Curtis no fuma e incluso es inflexible contra el fumar, según declararon varios testigos que lo conocen.

Un par de horas después del presunto ataque Morris fue examinada en un hospital local. Le dijo al médico que el hombre que la había atacado medía alrededor de cinco pies, seis pulgadas —solo dos pulgadas más que ella— y que llevaba puesto un saco color castaño. Curtis mide más de seis pies y llevaba puesto un saco color grana. Sin embargo, cuando Morris dio su declaración jurada en mayo, cambió la descripción para que cuadrara mejor con la de Curtis. En el juicio, la joven dijo, "Mark Curtis es más o menos de la misma estatura que mi papá, y mi papá mide alrededor de seis pies y dos o tres pulgadas".

Los partidarios de la versión presentada por la fiscalía han alegado que estas discrepancias no cuentan, ya que el 4 de marzo la joven estaba demasiado traumatizada como para dar una versión coherente de los hechos. Pero cuando la fiscal le preguntó a Jane Brackney, quien ayudó a examinar a Morris en el hospital, "¿acaso fue ella… capaz de relatar en general lo que le había sucedido?", la enfermera contestó: "Sí, pudo hacerlo muy bien".

Curtis nunca vio a Demetria Morris

Jason Morris testificó que en el momento en que supuestamente ocurría el ataque, él llamó al número de emergencia 911 y le dijo a la policía que un hombre estaba violando a su hermana. Según sus archivos computarizados, la policía recibió una llamada de la casa de los Morris a las 8:51 P.M., unos 40 minutos *después* de la hora en que según el testimonio de Demetria Morris ocurrió el ataque.

De hecho, esa llamada se hizo aproximadamente a la hora en que Mark Curtis llegó a la casa de los Morris. Después de salir del bar Los Compadres a las 8:30 P.M., él fue brevemente a casa, llamó a Jackie Floyd a las 8:45 P.M. para pedirle que atendiera a sus invitados si llegaban, y salió a la tienda. Myung Kim le dijo al jurado que efectivamente ella y su esposo Kevin Magee habían hecho arreglos para quedarse en casa de Curtis después de asistir a la Conferencia de Mujeres del Campo esa misma noche. Habían planeado llegar a eso de las 9:00 P.M.

Curtis testificó que cuando conducía rumbo a la tienda, una joven negra —pero no Demetria Morris— se acercó a su auto y le pidió que la llevara a casa porque un hombre la estaba persiguiendo. Él asintió y la llevó a la casa que resultó ser la casa de los Morris. Curtis estacionó el auto justo enfrente y, a petición de la mujer, esperó en el pórtico mientras ella se aseguraba que la casa estuviera segura. Unos instantes después, dijo Curtis, "escuché un ruido detrás mío, como de un portazo... Lo primero que se me ocurrió fue que era el tipo que la perseguía". Pero era la policía.

"Uno de ellos me agarró del brazo y dijo: 'Ya lo tengo'", atestiguó Curtis. "En ese momento pensé que tal vez había algún malentendido, que ella había llamado a la policía, preocupada porque ese hombre la perseguía, y que los policías pensaban que yo era ese tipo".

El policía obligó a Curtis a entrar a la casa y lo llevó al dormitorio trasero. "Me esposó con las manos a la espalda, me sentó en una cama que había allí, me empujó hacia atrás sobre la cama, me desabrochó los pantalones y me los bajó", declaró el activista.

Curtis dijo que en ningún momento vio a Demetria Morris esa noche. La primera vez que la vio fue casi tres meses más tarde en el Tribunal del Condado de Polk, donde ella dio una declaración jurada acusándolo de haberla agredido.

Testimonio contradictorio de los policías

Los agentes Joseph González y Richard Glade alegan que llegaron a la casa de los Morris entre 30 y 90 segundos después de ser notificados por el despachador policial. Las versiones ofrecidas por la joven y por los policías sobre lo que ocurrió a continuación discrepan en varios aspectos importantes.

Ambos policías dijeron ante el tribunal que cuando llegaron a la casa dieron de golpes en la puerta y Morris salió corriendo llevando puesta solo una sudadera y diciendo que acababa de ser violada.

Sin embargo, en su propio testimonio la joven insistió que cuando los policías llegaron ella al principio no les dijo nada. Y los apuntes del médico que la examinó indican que en un principio ella había dicho que no tenía puesta su sudadera cuando llegaron los policías.

Testimonio del policía González

González testificó que, al llegar al pórtico, vio que Curtis estaba tratando de subirse los pantalones mientras corría

Lo que Mark Curtis hizo el 4 de marzo de 1988

En el juicio realizado contra Mark Curtis por abuso sexual y allanamiento de morada, la presunta víctima testificó que en el 4 de marzo de 1988, cuando apenas empezaba uno de sus programas de televisión favoritos, un hombre llamó por teléfono preguntando por Bonita, por Denise o por Keith. El programa comenzó a las 8:00 P.M. Ella le dijo que sus padres, Denise y Keith Morris, no se encontraban en casa.

Cinco o diez minutos después, dijo en su testimonio, un hombre tocó a la puerta, preguntando por las mismas personas, y de repente la atacó sexualmente y la golpeó hasta que llegó la policía. Dijo que el agresor era Mark Curtis. Abajo aparece una cronología —basada en las pruebas de testigos presentadas en el juicio— de lo que Mark Curtis hizo ese día y dónde se hallaba a la hora en que ocurrió la supuesta violación.

7:00 A.M. Curtis sale de casa a su trabajo en la empacadora de carne Swift.

2:00 P.M. Varios obreros de la Swift se retiran de la línea de producción cuando la gerencia no les permite asistir a la reunión de las 2:00 P.M. en que se protestaría el arresto de 17 trabajadores latinos por la policía de inmigración, hecho ocurrido tres días antes. Se detuvo la producción por 10 minutos.

4:45 P.M. Curtis finaliza sus labores.

5:00 P.M. Reunión en el Centro Comunitario Unido Mexicano-Americano para protestar el arresto de los 17. Curtis habla en la reunión, en español, sobre la necesidad de involucrar al Local 431 del sindicato en la Swift, el UFCW, en la defensa de estos obreros. La reunión aprobó una convocatoria a una manifestación el 12 de marzo para protestar contra los arrestos.

7:00 P.M. Curtis llega a Los Compadres después de la reunión de protesta. Charla con dos compañeros de trabajo de la Swift sobre la reunión y sobre los planes de protestas para la semana siguiente.

8:30 P.M. Curtis se va a casa.

8:40–8:45 P.M. Curtis telefonea a su amiga Ellen Whitt y le deja un mensaje grabado indicándole que va a salir por unos minutos, le pide que si sus dos amigos llegan antes de que regrese que por favor los aloje en su casa. Le dice además que va a ir a comprar abarrotes para una cena que ha de preparar a la noche siguiente para personas que asistan al programa del Militant Labor Forum. Ya que Whitt no se encuentra en casa, llama a su vecina Jackie Floyd y le indica lo mismo.

8:45–8:50 P.M. Curtis sale de la casa para la abarrotería Hy-Vee. Una mujer lo detiene ante un semáforo en la esquina de Clark y Harding, a cinco cuadras de su casa, le pide que la lleve a casa porque un hombre la va persiguiendo. Curtis la lleva a lo que resulta ser la casa de la familia Morris. Ella le pide que espere en el pórtico mientras ella entra a la casa.

8:51 P.M. La policía dice que ha recibido una llamada por el número de emergencia 911, de alguien que susurra diciendo que están violando a su hermana en el pórtico.

8:52 P.M. La policía testifica que han enviado una patrulla a esa casa.

8:53 P.M. El agente de policía Joseph González testifica que los policías llegan unos 30 ó 90 segundos después. Según Curtis, uno o dos minutos después de que había caminado al pórtico, llegan los policías, irrumpen en el pórtico, y González lo aprehende. Luego esposa a Curtis, le baja los pantalones y lo arresta. Los policías le quitan a Curtis las llaves de su auto, en el que tenía volantes para una protesta contra los ataques gubernamentales a los derechos democráticos.

hacia el fondo de la casa. El policía dijo que persiguió a Curtis por la casa y que lo esposó mientras lo tenía parado de cara a una cama en el dormitorio del fondo. En cambio, Glade le dijo al jurado que vio a González esposar a Curtis mientras lo tenía acostado boca abajo en el piso del dormitorio. Por otro lado, Morris alegó que ella entró al dormitorio y vio a Curtis sentado en la cama con el pene expuesto. Ambos policías dijeron que esto habría sido imposible.

Los policías no le permitieron a Curtis abrocharse los pantalones antes de transportarlo a la comisaría; él tuvo que sostenérselos por atrás con las manos esposadas.

"¿Usted quería que otros agentes vieran que él tenía los pantalones desabrochados?" le preguntó a González el abogado defensor Mark Pennington.

"No", contestó el policía.

"Pero sí fue lo que ocurrió, ¿no es cierto?" preguntó el abogado. "¿No le parece que el asunto se hace más creíble si él iba arrastrando los pantalones por el piso, si no estaban abrochados y si él tenía que sostenérselos con las manos esposadas a sus espaldas?"

Respondió González: "Las únicas personas que podrían haberlo visto son los agentes que lo llevaron a la estación". Esos fueron los dos agentes que apalearon a Curtis en la cárcel una o dos horas más tarde.

Además de las discrepancias en los hechos presentados por los testigos de la fiscalía, el gobierno tampoco pudo montar un caso convincente contra Mark Curtis desde el punto de vista político.

Varias personas que conocían bien a Curtis, tanto a nivel personal como mediante la colaboración política, incluida su esposa Kate Kaku, testificaron en el juicio que él nunca había cometido ningún acto de violencia o de abuso contra mujeres, negros u otra persona. Los testigos también hablaron de la honradez e integridad de Curtis.

Una de los testigos en defensa de Curtis fue Ellen Whitt, licenciada en sicología, quien tiene experiencia trabajando con mujeres que son víctimas de abuso físico y sexual. En 1988 Whitt había trabajado en la planta de la Swift con Curtis, participando también en la lucha contra la redada de la migra.

Sin historial de violencia

"Por su conocimiento de Mark Curtis, tanto a nivel personal como por los objetivos que usted comparte con él", le preguntó Pennington, "¿le preocupa de alguna manera que Mark Curtis pudiera albergar algún tipo de rencor, que tuviera alguna propensión a la violencia?"

"No", contestó Whitt. "Nunca he visto indicio alguno de ello... Sé de por lo menos una ocasión cuando algunos de los trabajadores amenazaban con agredir a unos trabajadores mexicanos en la Swift y Mark intervino para calmar los ánimos y explicar que eso no beneficiaría a los trabajadores".

Jackie Floyd, quien había conocido a Curtis desde hacía tres años por sus actividades en la Alianza de la Juventud Socialista, también atestiguó. "¿Alguna vez ha visto un ejemplo, un indicio, que [Curtis] de alguna manera albergue sentimientos rencorosos hacia las mujeres?" le preguntó Pennington.

"Jamás", contestó Floyd, quien fue vecina de Curtis hasta poco antes del juicio. "De mis dos hijos una es niña. Tengo dos hijos, un niño y una niña, y ambos se habían hecho muy amigos de Mark y de su esposa".

"¿Le preocupa que su hija, una niña negra, esté con el señor Curtis?" preguntó el abogado.

"No, en lo absoluto", contestó.

"No pudieron encontrar a nadie que contradijera el testimonio sobre su carácter", dijo Pennington en una

STU SINGER

El cineasta Nick Castle entrevista a Curtis en la Cárcel para Hombres de Anamosa, Iowa, para el documental *El caso fabricado contra Mark Curtis.*

entrevista que aparece en el video *The Frame-up of Mark Curtis* (El caso que le fabricaron a Mark Curtis), realizado por el conocido director de cine Nick Castle. Lo peor que la fiscalía pudo sacar a relucir fue que Curtis había hecho una declaración falsa acerca de su experiencia de trabajo al llenar una solicitud de empleo en Birmingham, Alabama, durante la recesión de principios de los años 80.

"El hecho que el estado de Iowa haya podido obtener información sobre una declaración falsa en una solicitud de empleo en el estado de Alabama es muy revelador", comentó el abogado de Curtis en la entrevista filmada. "Ciertamente me indica que gastaron mucho tiempo, esfuerzo y dinero para tratar de averiguar todo lo posible sobre la vida de Curtis, y que se quedaron con las manos vacías".

La fiscalía carecía de un motivo verosímil que explicara por qué un joven activista político, en medio de una importante batalla sindical, iría a una casa donde no conocía a nadie y violaría a una muchacha de 15 años que abriera la puerta, sabiendo que el hermano de ella estaba presente. Por eso la fiscalía insinuó que Curtis había llegado a casa de los Morris por accidente, buscando la casa de un narcotraficante que se acababa de mudar a una casa vecina.

Hacia el final del juicio la fiscal Catherine Thune hizo testificar a la novia del presunto narcotraficante. Ella dijo que antes había vivido frente a la casa de Curtis, que lo reconocía pero que no lo conocía de nombre, y que era posible que ella y su novio hubiesen intercambiado de pasada una que otra palabra con él.

Pero en todas sus investigaciones, ni la policía ni la fiscalía pudo encontrar una sola prueba de que Curtis hubiera tenido jamás asociación alguna con drogas. La organización a la que pertenece Curtis, el Partido Socialista de los Trabajadores, es muy conocida entre los activistas políticos por el hecho de que sus militantes no usan drogas ilegales. Esta política ayuda a proteger al partido de la persecución política por parte de la policía y los patrones.

Caso fabricado no requiere teoría de conspiración

Al tratar de desacreditar la idea de que Mark Curtis era víctima de acusaciones fabricadas, la fiscal argumentó que esa posibilidad requeriría una conspiración muy compleja e inverosímil con la participación de muchas personas.

Pero Curtis y sus partidarios nunca alegaron que la policía hubiera montado todo un plan detallado para encarcelar al activista político. Fue en el momento en que González le bajó los pantalones a Curtis, creando así una prueba que otros policías pudieran ver, que comenzó la fabricación de cargos: algo similar a lo que les sucede a cientos de trabajadores todos los días cuando son detenidos y acusados arbitrariamente por la policía, los fiscales y los tribunales. Cuando la policía registró el automóvil de Curtis y encontró volantes que indicaban su apoyo a las luchas de los negros y de los inmigrantes, entonces ya no cabía duda que sabían que él era un activista político. Cuando poco después los policías le dijeron, "Así que te gustan los mexicanos, como también te encantan esos negros", era evidente que el caso fabricado tenía carácter político.

Además, Curtis en ningún momento alegó que la joven que lo acusó formara parte de una conspiración. Durante el juicio Thune le preguntó, "Cuando Demetria testificó que usted fue quien la violó, ¿ella estaba mintiendo?"

Curtis contestó: "Yo escuché lo que ella dijo aquí, como hicimos todos los presentes, y creo que tal vez algo sí le sucedió, incluso hasta lo que ella dijo que sucedió. Pero yo no fui ese individuo, y por lo menos en ese aspecto ella está equivocada".

Inmediatamente después de que Curtis fuera declarado culpable, su abogado presentó una petición legal pidiendo un nuevo juicio, basándose en los numerosos abusos cometidos durante el juicio. Perkins falló contra la petición el 18 de noviembre de 1988, poco antes de sentenciar a Curtis a 25 años de prisión.

'Seguiré participando en las luchas'

En una declaración final antes de la lectura de la sentencia, Curtis dijo ante el tribunal: "Desde que fui arrestado en marzo pasado, miles de personas en este estado, en Des Moines, y desde Filipinas hasta Nueva Zelanda, se han pronunciado y han protestado contra esta acusación fraudulenta que se me hace y este intento de encarcelarme injustamente, porque de eso se trata.

“Lo que me ha sucedido no es ni excepcional ni anormal comparado con lo que enfrenta mucha gente en este país. El caso *Estado de Iowa contra Mark Curtis* no es un caso de violación o de allanamiento de morada… Es un caso que pretende infundir el temor de la cárcel y el temor del garrote entre el pueblo trabajador.

“Voy a seguir participando en la lucha de los trabajadores, dondequiera que me encuentre”, afirmó. “Mi caso es singular en un solo aspecto… que miles de personas se han manifestado en mi defensa. Ese apoyo crecerá y en todo caso seré libre”.

9

Entre rejas pero no marginado de la política

"Las escuelas, la prensa de los ricos, los políticos y las iglesias le enseñan a la gente a despreciar a los presos como si fueran escoria. Pero casi todos somos trabajadores, somos seres humanos y nos beneficiamos al luchar por los derechos humanos", dijo Mark Curtis al explicar lo que hace un trabajador socialista entre rejas. "Tenemos intereses comunes y solo podremos proteger nuestros derechos mediante nuestras acciones y nuestra unidad".

Sentado en el patio de visitas del Centro Correccional John Bennett de la penitenciaría estatal en Fort Madison, Iowa, a mediados de 1993, Curtis habló sobre las muchas personas que ha conocido en prisión desde que fue encarcelado a fines de 1988.

"He conocido a empacadores de carne y a camioneros, algunos de los cuales han participado en luchas sindicales", dijo. "Hay veteranos de [las guerras norteamericanas en] Panamá y Vietnam, y muchas personas que fueron influenciadas por el movimiento por los derechos civiles. Conocí a uno que había huido del régimen en El Salvador. Él logró que se anulara el veredicto porque el juicio se había realizado en inglés, idioma que desconocía".

Curtis explicó que uno de los retos más difíciles que enfrentan los prisioneros es "la necesidad de mantener contacto con el mundo exterior".

No es fácil. El sistema penitenciario tiene como objetivo aislar a los presos del resto del mundo y doblegarlos, para que dejen de interesarse en las luchas que se desarrollan al otro lado de los muros que los encierran.

Intentos de aislar a los presos

Poco después de ser condenado, Curtis se topó con algunos de los centenares de reglamentos que las autoridades utilizan para imponer este aislamiento, cuando las autoridades del Reformatorio Estatal de Varones en Anamosa le prohibieron recibir materiales escritos en otros idiomas aparte del inglés. Le negaron una suscripción a la revista socialista en español *Perspectiva Mundial.* Igualmente le impidieron recibir un diccionario inglés/español enviado por el Comité de Defensa de Mark Curtis.

"Yo no era el único; también a otra gente le negaban ese tipo de cosas", señaló Curtis. "Un compañero de Camboya quería cartas de su familia y no le permitían recibirlas".

El comité de defensa impulsó una campaña contra ese reglamento sobre idiomas. El director de la prisión se vio inundado con centenares de cartas que denunciaban esta prohibición. Los periódicos en Iowa publicaron reportajes sobre esta lucha, y al final las autoridades cedieron y le permitieron recibir el material escrito.

"Pero continuaban negándole esos derechos a otra gente", explicó Curtis. "Otros reos se valieron de mis cartas de protesta y muchos ganaron su caso". No obstante, al regresar a la prisión de Anamosa unos dos años después, Curtis vio que las autoridades habían "vuelto a sus andanzas. Tienen un montón de reglamentos para evitar que los reclusos

Andile Yawa, dirigente de la Liga Juvenil del Congreso Nacional Africano, visita a Mark Curtis en el Centro Correccional John Bennett en Fort Madison, Iowa.

compartan libros, periódicos u otras cosas. Un preso se metió en líos por tener un ejemplar del periódico *Militant* que no era suyo", destacó Curtis.

Desde la prisión Curtis trató de "participar en diversas batallas de la lucha de clases", dijo, principalmente a través del correo. El sindicalista encarcelado envió cartas de apoyo a los obreros que se fueron a la huelga contra la aerolínea Eastern, a los mineros del carbón en Gran Bretaña, a la Unión de Campesinos del estado de Washington, a los obreros del acero que salieron en huelga contra la empresa Trinity Industries en Bessemer, Alabama, y a muchos más.

Curtis también escribió cartas a víctimas de la violencia policiaca y a presos políticos en todo el mundo, entre ellos el activista indígena Leonard Peltier, independentistas irlandeses y Rodney King, cuya golpiza por la policía de Los Ángeles en marzo de 1991 provocó indignación mundial. "Junto con otro recluso le escribí a Tim Anderson", dijo Curtis. Anderson es un activista político y defensor de los derechos de los aborígenes en Australia a quien le montaron cargos de asesinato. "Y he recibido cartas de presos en Turquía, Arizona, Texas, Nueva Jersey y muchos otros lugares", añadió. "No me permiten recibir esas cartas; tan solo me avisa la sala de correos que me llegaron". Las autoridades penitenciarias se aseguran de impedir que los reos de diferentes instituciones y países puedan comunicarse entre sí.

Visitas de otros luchadores

Curtis se mantuvo en contacto con el resto del mundo gracias a las visitas que recibió de otros luchadores políticos. Por ejemplo, en 1992 se reunió con Andile Yawa, dirigente de la Liga Juvenil del Congreso Nacional Africano. "Esa visita causó sensación. Otros reos me pidieron que le hiciera ciertas preguntas sobre la lucha en Sudáfrica, y hay quienes todavía hoy me preguntan sobre lo que ocurre allá". También atrajo la atención de los reclusos la visita de James Warren, candidato del Partido Socialista de los Trabajadores para presidente de Estados Unidos en 1992. Curtis fue uno de los presidentes nacionales de la campaña electoral.

"Mi reunión semanal con miembros de la rama del PST en Des Moines es probablemente la más importante", dijo

Curtis. "Siempre incluimos una discusión educativa, que por lo general se basa en algún artículo del *Militant*. También conversamos sobre otros acontecimientos políticos y sobre la campaña en defensa de mi caso". Curtis actualmente es uno de los que presiden la campaña electoral del PST en Iowa.

En la entrevista celebrada en 1993, Curtis describió un día típico en la prisión: "Trabajo aquí la jornada completa en la imprenta" ganando unos 50 centavos por hora. "Después del trabajo hago ejercicios, paso un rato hablando con otras personas, y ceno. Por la noche me dedico mucho a la lectura. Y le dedico tiempo al estudio del español". Señaló que Nelson Mandela, Fidel Castro, James P. Cannon y otros dirigentes revolucionarios aprovecharon el tiempo que pasaron en la cárcel para estudiar y aprender. "Dieron un buen ejemplo sobre qué hacer en prisión", dijo. "Por eso es importante la lucha por los materiales escritos".

Organización Martin Luther King

Poco después de comenzar su condena en la cárcel de Anamosa, Curtis se incorporó a la Organización Martin Luther King, un grupo de "reos interesados en el movimiento por los derechos civiles y en la lucha por mejores condiciones en la prisión", según explicó. Lo eligieron y fue secretario del grupo hasta que las autoridades carcelarias lo depusieron.

Curtis describió la primera vez que asistió a una reunión de la organización en enero de 1989. "Tenían una tribuna libre. Hacía poco que [aviones norteamericanos] habían bombardeado Libia. Entonces hablé sobre eso, sobre el hecho de que Martin Luther King se había pronunciado contra la guerra norteamericana en Vietnam y también sobre cómo la lucha contra el racismo tiene que estar vinculada a los acontecimientos mundiales. La gente respondió muy positivamente a lo que dije". El grupo invitaba a gente de afuera para hablar sobre diferentes temas y mantenía una biblioteca de libros políticos. Las autoridades de la prisión impidieron que les llegara una remesa de libros de la editorial Pathfinder. Tras muchas protestas, la Organización Martin Luther King obtuvo los libros.

"Los libros de Malcolm X y de Thomas Sankara eran populares", dijo Curtis, "al igual que los de Carlos Marx y Federico Engels. El ejemplar del *Manifiesto Comunista* era muy leído".

A los pocos meses de que el grupo ganara el derecho de recibir los libros, las autoridades decidieron trasladar a Curtis a la prisión de Fort Madison porque, según afirmó un informe oficial, estaba desarrollando una "base de poder" en Anamosa. Esto fue después de que Curtis con la ayuda de otros reclusos había impugnado, infructuosamente, una infracción disciplinaria que lo acusaba de haber hecho apuestas por el campeonato Super Bowl, el principal evento del año en el fútbol norteamericano. También le anotaron una infracción por escupir en el piso durante un juego de baloncesto. Al transferírsele "admitían que no me podían impedir hablar con otra gente y que la influenciara", comentó Curtis.

Curtis fue trasladado de nuevo a Anamosa en agosto de 1991. Esa vez él y otros tres reclusos iniciaron un grupo de estudio sobre el socialismo. "Comenzamos con el *Manifiesto Comunista*", dijo. "Conseguimos varios ejemplares y nos turnábamos para dirigir la clase". Sin embargo, antes de que pudieran leer más libros, Curtis fue trasladado nuevamente a Fort Madison.

Debates sobre política mundial

Los prisioneros tienen los mismos tipos de debates sobre política y sucesos mundiales que los trabajadores en una fábrica empacadora de carne o una fábrica automotriz, señaló Curtis. Durante el preludio a la Guerra del Golfo Pérsico a fines de 1990 y principios de 1991, por ejemplo, "mucha gente se expresaba en contra de los preparativos de guerra". Varios reos enviaron una carta firmada al *Des Moines Register* oponiéndose a las maniobras bélicas de Washington. Pero una vez que comenzaron los bombardeos a mediados de enero y las tropas estadounidenses entraron en combate, dijo, la mayoría de los reclusos cambiaron de posición y, aunque de mala gana, apoyaron la guerra norteamericana.

El libro *¡E.E. U.U. fuera del Oriente Medio!*, editado por Pathfinder, "fue de una ayuda tremenda", dijo Curtis. "Uno de los presos que lo leyó comenzó a debatir con otro que apoyaba la guerra y le decía, 'Oye, tienes que leer esto. Quieren que aplaudamos algo que no deberíamos apoyar'".

Curtis también entabló muchas discusiones con otros reos sobre el embargo norteamericano contra Cuba. Al igual que un creciente número de gente en Estados Unidos, más y más presos opinan que el bloqueo debe ser revocado. "La gente me pregunta acerca de Cuba", dice Curtis. "'¿Hay libertad de expresión? ¿Cómo son las prisiones allá? ¿Por qué viene gente de Cuba a este país?'"

Curtis escribió para *Perspectiva Mundial* y el *Militant* sobre muchas de las discusiones y de las luchas en las prisiones donde ha estado recluido. En colaboración con John Flowers, un indígena de la nación sioux, Curtis escribió sobre la lucha de los presos indígenas en Anamosa para que se les permitiese practicar su religión y cultura.

Curtis también contribuyó con artículos sobre muchos otros temas políticos. En 1991 Curtis y otro recluso en Fort Madison escribieron un artículo para el *Militant* donde denunciaron los ataques del gobierno contra el derecho de la mujer al aborto. "Fue él quien propuso escribir el artículo", señaló Curtis, "ya que era un asunto que consideraba muy importante. Esto refleja el respeto que se ha ganado el *Militant*: mucha gente lo lee".

Los presos y la lucha contra los cargos fabricados

Los demás prisioneros en Fort Madison mantenían diversas opiniones sobre la campaña en defensa de Curtis. "Mucha gente se muestra interesada. Les gusta ver que alguien esté luchando contra acusaciones falsas como en mi caso", dijo. "Cuando gané la demanda contra los policías que me golpearon, eso les gustó mucho.

"No todos me apoyan, por la naturaleza de los cargos" de abuso sexual, agregó. "Hay quienes creen todo lo que el estado dice que alguien ha hecho. Y a alguna gente no le gusta que yo sea comunista", añadió. "Pero la mayoría de la gente te juzga por lo que haces. Si te pones del lado de los reos, si participas en luchas y defiendes con firmeza tus creencias, entonces la gente te respeta".

Refiriéndose a su lucha por la justicia, Curtis dijo, "Ningún tipo de presiones o amenazas me hará abandonar esta lucha. He recibido apoyo de trabajadores, luchadores y defensores de los derechos democráticos en todo el mundo. El gobierno no ha podido extenuarme. Al contrario, estoy más convencido que nunca de que saldré de aquí más fuerte que cuando entré".

NAT LONDON

Curtis continuó debatiendo sobre política con otros trabajadores durante su encierro. Arriba, izquierda: Estudiantes de secundaria en California en protesta contra medida antiinmigrante Proposición 187 en California en 1994. Abajo: Millones de trabajadores y jóvenes en Francia protestan contra recortes al salario social y exigen reducción de la semana laboral, diciembre de 1995. Arriba, derecha; carretera de Ciudad Kuwait a Basora, Iraq, tras masivo bombardeo norteamericano, febrero de 1991.

10

Triunfo de demanda contra golpiza por la policía

En mayo de 1989, Curtis entabló una demanda en un tribunal federal contra la municipalidad de Des Moines y contra los policías que lo habían agredido en la cárcel el año anterior. Curtis acusó a los policías y a los funcionarios municipales de haberle violado sus derechos constitucionales mientras se hallaba detenido: su derecho a no ser sometido a pesquisas y decomisos injustificados, ni a actos o amenazas de violencia. También los acusó de castigos crueles e inusuales, negligencia y agresión.

El 31 de enero de 1992, el juez federal de distrito Charles Wolle falló a favor del sindicalista y socialista encarcelado. Los policías Charles Wolf y Daniel Dusenbery, quienes habían golpeado a Curtis, fueron declarados culpables de asalto y tuvieron que pagar 11 mil dólares de indemnización, así como los gastos legales. En total fueron obligados a pagar 64 mil dólares. "Era imposible que la policía negara que fue lastimado y los únicos responsables posibles eran los policías", señaló Alfredo Alvarez, ex director de la Comisión de Derechos Humanos en Des Moines y partidario de la lucha por la justicia para Curtis.

Sin embargo, el hecho indiscutible de que la policía había golpeado a Curtis no garantizaba su triunfo. La violencia policiaca es una realidad para miles de trabajadores en ciudades y pueblos por todas partes de Estados Unidos. Los obreros que con mayor frecuencia sufren esta brutalidad son los inmigrantes, negros y latinos, así como los que participan en luchas sindicales y movimientos de protestas sociales. Aún en los casos poco frecuentes en que los policías son enjuiciados por sus actos de violencia, casi siempre alegan que la fuerza había sido necesaria y justificada, como hicieron en el caso de Mark Curtis. Y por regla general las cortes aceptan la versión de la policía.

El factor decisivo en la victoria judicial de Curtis no fue tanto la culpabilidad de los policías, sino más bien un brote de luchas contra la violencia y el racismo de la policía, tanto en Des Moines como a nivel nacional.

Mientras Wolf y Dusenbery estaban golpeando a Curtis

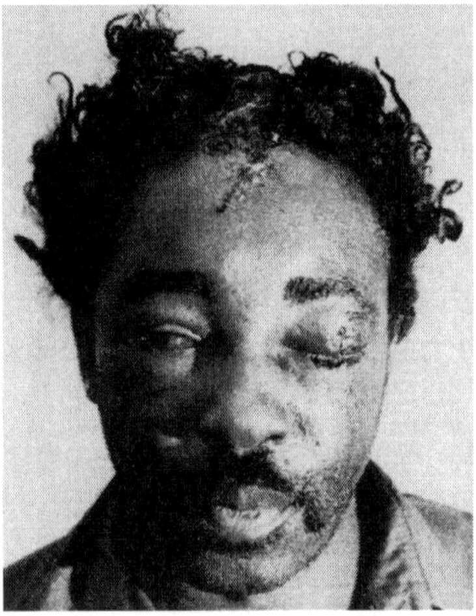

KAREN MITCHELL / THE REGISTER

CHRIS REMPLE

Cuando Larry Milton (izquierda) fue golpeado por la policía en diciembre de 1991, miles protestaron contra violencia policiaca. Derecha: Audiencia sobre brutalidad policiaca convocada por el Consejo Municipal de Des Moines, febrero de 1992.

el 4 de marzo de 1988, Stu Singer intentaba sacarlo de la cárcel. Cuando las autoridades de la cárcel municipal le contestaron con evasivas a sus preguntas de sí tenían preso a Curtis, Singer, quien tenía cierta experiencia en los movimientos sindical y de derechos civiles, se inquietó, sospechando que la policía lo podía estar golpeando. Pero casi todos los abogados y activistas políticos con quienes habló esa noche, dijo Singer, le aconsejaron que no se preocupara, que ese tipo de cosas no sucedía en Des Moines.

Sin embargo, en los años siguientes para mucha gente se hizo patente que el racismo, el sexismo y la brutalidad son una práctica común y corriente en el departamento de policía de Des Moines.

Un informe emitido en noviembre de 1988 por la Comisión de Servicio Civil en Des Moines detalló múltiples casos de abuso racista y sexual dentro del departamento de policía. El *Des Moines Register* resumió las conclusiones de la investigación, que terminó con la restitución de una agente de policía que había sido despedida al quejarse por los comentarios racistas de su jefe. "La investigación interna del departamento de policía carecía de credibilidad", dijo el *Register*. "Los investigadores internos trataron de 'absolver al supervisor' ".

Cuatro meses antes, una ex policía que había sido objeto de acoso sexual por parte de otros policías durante muchos años ganó una demanda judicial contra el departamento de policía. El testimonio presentado en ese caso reveló el acoso no solo sexista sino también racista. En él se detalló un incidente donde dos policías blancos supuestamente le habían dado la "bienvenida" de ingreso al pelotón a un policía negro vestidos con túnicas del Ku Klux Klan.

'La subida en ascensor'

La policía de Des Moines es muy conocida por golpear a las personas que tiene bajo custodia. Incluso se vio forzada

ROBERT ROETHIG

Mitin en Des Moines celebra triunfo en enero de 1992 de demanda judicial contra policías que golpearon a Curtis.

a instalar una cámara dentro del ascensor de la cárcel que se utiliza para llevar a los reos a las celdas. Era muy conocida "la subida en ascensor" y había provocado crecientes denuncias contra la violencia policiaca. Antes del arresto de Curtis, Wolf y Dusenbery ya habían baleado o golpeado a otros individuos que estaban bajo su custodia.

"Sabemos que sí ocurren estas golpizas", le dijo Alvarez a la Comisión de Servicio Civil en mayo de 1988.

Cuando Larry Milton fue golpeado por la policía de Des Moines el 28 de diciembre de 1991, estalló una ola de indignación contra la violencia policiaca, especialmente entre la comunidad negra. La policía detuvo a Milton, un hombre negro de 35 años de edad, y lo golpeó repetidamente en la cabeza con una pesada linterna de metal ante la presencia de decenas de testigos. Le habían esposado las manos y los pies. Los médicos le tuvieron que poner 22 grapas metálicas para cerrarle las profundas cortaduras en la cabeza.

Cuando ocurrió el ataque contra Milton, la imagen televisada de la golpiza de Rodney King por la policía de Los Ángeles seguía fresca en la memoria de mucha gente.

"No hay excusas" se convirtió en la consigna de miles de personas que participaron en mítines de protesta, audiencias públicas y programas radiales donde se denunció la violencia policiaca. Muchas personas ofrecieron sus propias experiencias de violencia policiaca cometida contra ellas o contra familiares y conocidos. Una mujer relató que sus tres hijos habían sido agredidos por la policía de Des Moines.

Curtis y otros 24 presos en el Centro Correccional John Bennett en Fort Madison, Iowa, le escribieron un mensaje solidario a Milton.

Ante la explosión de indignación pública, la policía y sus partidarios políticos lanzaron una campaña para difamar a Milton y justificar sus acciones. Usando argumentos notablemente similares a los que empleó la policía de Los Ángeles para justificar su agresión contra King, el sargento de la policía que había dirigido el ataque contra Milton alegó que éste estaba borracho, drogado y al parecer no lo afectaban los repetidos golpes a la cabeza.

A pesar de todas las protestas, el gran jurado que consideró el caso rehusó encausar a los policías que habían golpeado a Milton.

'Procedimientos normales'

Durante el juicio contra Wolf y Dusenbery, el jefe de policía William Moulder pretendió demostrar que los dos policías habían actuado debidamente cuando golpearon a Curtis. Presentó como prueba un documento policial titulado Procedimientos Normales de la División. El manual ofrece consejos a los policías sobre cómo usar la fuerza contra los sospechosos. Una de las secciones —titulada "Atacar puntos vitales del cuerpo"— les recomienda a los policías

21 partes del cuerpo que pueden atacar. "Ojos: arrancarlos, tirarles objetos;... Cuello: casi todo el cuello es vital para golpear, apretar o estrangular;... Riñones: golpear hacia adentro;... Ingle: golpear o patear".

"Relaciones públicas: de ser posible, evitar la fuerza delante de un público", sugiere el manual. "De no ser posible, atacar fuerte y rápidamente".

Estos reglamentos de procedimiento normal presentados por Moulder revelaron un poco de la verdad: que la golpiza contra Mark Curtis y contra Larry Milton no eran aberraciones sino el resultado de la conducta cotidiana de la policía.

Fue en medio del debate, de las protestas y de las manifestaciones contra la golpiza a Milton, que la demanda presentada por Curtis llegó a la corte del juez Wolle en enero de 1992. Wolle dictaminó que los policías "Wolf y Dusenbery sabían que estaban empleando fuerza excesiva al darle un rodillazo [a Curtis] en el ojo y en la ingle mientras él estaba boca arriba en el piso, sin posibilidades de huir o de hacerles daño".

"Es una gran victoria, no solo para mí sino para todas las víctimas de la violencia policiaca", declaró Curtis al anunciarse la decisión.

Dirigentes de la lucha contra la violencia policiaca en Des Moines, entre otros, hablaron en un mitin realizado el 8 de febrero de 1992 en esa ciudad para celebrar el fallo. "Me alegra muchísimo este triunfo de Mark Curtis", dijo Dudley Allison, uno de los dirigentes de la lucha contra la violencia policiaca. "Creo que esto abre la posibilidad de enjuiciar a los policías que cometen este tipo de delitos", puntualizó.

En el mitin también hablaron Sonja Palmer, quien tras el ataque a Milton fundó el grupo Madres y Esposas Contra la Brutalidad Policiaca, y Ako Abdul Samad, miembro de la junta directiva de una estación de radio en la comunidad negra que se había destacado en la lucha por la justicia para Milton.

Greg McCartan, dirigente del Partido Socialista de los Trabajadores, afirmó: "Este dictamen de una corte federal toca el problema esencial en el juicio fraudulento contra Mark… Si un juez federal falló que los policías mintieron acerca de su golpiza a Mark, entonces es posible que el policía que testificó contra él también haya mentido".

La decisión judicial "significa que muchas personas más estarán dispuestas a unirse a la campaña para pedir la excarcelación inmediata" de Curtis, señaló Kate Kaku, su esposa y una de los dirigentes de la campaña de defensa. "Pensamos que esto ha acercado el día de la liberación de Mark, y que todo lo que hagamos ahora para aprovechar esta victoria reciente contribuirá a su liberación".

11

La lucha por la libertad de Mark Curtis

Le escribo en calidad de sindicalista interesado en respaldar la petición de Mark Curtis para que se le considere de inmediato como candidato para la libertad condicional.

GEORGE LACH
Quinto vicepresidente
Local 2203 de la Federación
Norteamericana de Empleados
Estatales, de Condado y
Municipales (AFSCME)
Baltimore, Maryland

Por favor, pongan a Mark Curtis en libertad lo más pronto posible. Él no violó ni le robó a nadie, sino más bien fue víctima de cargos fabricados por la policía por haber defendido los derechos de trabajadores inmigrantes.

ARTHUR WALTERS
Profesor asociado
Universidad de Medicina y
Odontología de Nueva Jersey

Si Mark Curtis admitiera su culpabilidad, ¿estaría libre ahora? Tengo entendido que el señor Curtis ha cumplido suficiente tiempo (cinco años) de su condena de 10 años por abuso sexual como para ser puesto en libertad.

DAVID OSTERBERG
Representante
Legislatura estatal de Iowa

Escribo no solo para solidarizarme con otro preso político como yo, sino para respaldar su petición por una libertad condicional temprana.

BRENDAN DONAGHY
Independentista irlandés
encarcelado en Irlanda del
Norte

Estos son extractos de algunas de los centenares de cartas presentadas a la Junta sobre Libertad Condicional en Iowa en septiembre y octubre de 1993 a favor de Mark Curtis. Desde que Curtis fue encarcelado en 1988, miles de personas por todo el mundo le pidieron a la junta que lo liberara.

Entre los que se han pronunciado en apoyo a la libertad condicional de Curtis están: la activista pro derechos civiles Coretta Scott King; Coleman Young, ex alcalde de Detroit; el jurista defensor de libertades civiles William Kunstler; el activista político peruano Hugo Blanco; el activista y ex preso político sudafricano Fred Dube; la Confederación General del Trabajo de Francia; y muchos más.

El sindicalista y socialista preso contaba con argumentos fuertes a favor de su libertad condicional. Cumplía los requisitos normales exigidos por el estado: conducta ejemplar en prisión, fuerte respaldo en la comunidad y numerosas ofertas de empleo. Ya había cumplido la sentencia correspondiente al cargo de abuso sexual. (Según las leyes de Iowa, que reducen un día de la sentencia por cada día de "buena conducta", los presos normalmente son puestos en libertad tras cumplir la mitad de la condena: en el caso de

ARGIRIS MALAPANIS

IRENE SOSA

Arriba: Divulgando caso de Curtis en encuentro mundial de solidaridad con Cuba, celebrado en La Habana, noviembre de 1994. Abajo: Activistas se enteran del caso amañado en manifestación en Washington a favor del derecho al aborto, abril de 1989.

Curtis, cinco años de la sentencia de 10 años.)

No obstante, en 1993 la Junta sobre Libertad Condicional de Iowa hasta le negó a Curtis una audiencia. Los obstáculos que él enfrentaba al buscar la libertad condicional reflejaban tanto la naturaleza política del caso como el hecho de que los prisioneros en Estados Unidos han sufrido fuertes arremetidas contra sus derechos democráticos.

Campaña por la 'Libertad Condicional Inmediata'

Mientras más tiempo pasaba, iba cobrando más fuerza la petición a favor de la libertad condicional de Curtis. Más personas se veían atraídas a la lucha por su libertad al hacerse evidente que su encarcelamiento obedecía a un sistemático prejuicio político que las autoridades estatales y penitenciarias de Iowa mantenían contra él.

Mucha gente empezaba por indignarse por el trato burdamente discriminatorio que Curtis recibía en prisión pero después, al examinar los hechos, quedaba convencida de que además lo declararon culpable bajo acusaciones falsas, y que el gobierno se aseguró de meterlo preso a raíz de sus actividades como sindicalista y obrero combativo.

Por eso la campaña política por la libertad condicional de Curtis constituyó un aspecto importante de los esfuerzos del Comité de Defensa de Mark Curtis. Esta campaña buscaba exponer el carácter político de las acusaciones fraudulentas y lograr su excarcelación para que pudiera participar más plenamente en actividades políticas. Permitió que los partidarios de Curtis ampliaran su labor —en el movimiento sindical, entre jóvenes y entre partidarios de los derechos democráticos— al explicar la verdad del caso y conseguir más apoyo.

Además de las cartas remitidas, cada una de las audiencias que la junta de libertad condicional realizó sobre su

Frankie Travis habla en mitin en Des Moines para exigir libertad de Curtis. Travis era uno de los "Guerreros de la Carretera" del Local 7837 del sindicato papelero UPIU, que resistió un cierre patronal por la empresa A.E. Staley en Decatur, Illinois.

caso contó con la presencia de una delegación de partidarios de Curtis. Tanto las autoridades penitenciarias como la junta claramente expresaron su desagrado hacia esta amplia campaña de defensa. "Ustedes han hecho de este caso un circo político", dijo un miembro de la junta en una de las audiencias. "Han hecho todo lo posible para que esto parezca un caso político, pero no lo es". Los partidarios de Curtis que asistieron a sus audiencias en 1990 y 1991 fueron registrados al entrar a la prisión por la Brigada de Emergencia del Correccional, algo que no se hizo con los que asistían a las audiencias de otros reos.

También los que apoyaban las acusaciones fabricadas y que querían mantener a Curtis entre rejas centraron su atención en la junta sobre libertad condicional. Keith y Denise Morris, padres de la mujer que Curtis supuestamente atacó, asistieron a las audiencias, argumentando insistentemente en contra de su libertad. La Liga Obrera y otros individuos como Mary Bertin, funcionaria de la NAACP en Boston, también hicieron campaña para que no se liberara a Curtis.

Programa de Tratamiento de Delincuentes Sexuales

Una de las demandas más antidemocráticas de la junta sobre libertad condicional era que Curtis participara en un Programa de Tratamiento de Delincuentes Sexuales (SOTP), que requiere que el reo admita su culpabilidad.

Esto fue planteado por primera vez durante la tercera audiencia sobre su pedido de libertad condicional, en noviembre de 1991. "Esta junta no lo considerará como candidato sino hasta que usted haya asistido al Programa de Tratamiento de Delincuentes Sexuales", le dijo Barbara Binnie a Curtis. Binnie era una de los tres integrantes de la junta en esa reunión. El presidente de la junta, Walter Saur, hizo declaraciones similares sin que el tercer miembro de la junta discrepara.

Curtis explicó siempre que no se podía someter al SOTP porque era inocente. El primero de los "requisitos para participar en el programa" reza así: "Admitir culpabilidad, asumir responsabilidad por su propio crimen".

En la audiencia de 1992, Curtis preguntó si existía una regla que obligaba a los reos a participar en el programa SOTP.

"Que yo sepa no es una regla", dijo Joanne Lorence, miembro de la junta. "Es una política, y ciertamente recomendamos que la gente se apegue a ella. No podría decir con absoluta seguridad que nunca le hemos otorgado la libertad condicional a alguien que no haya participado en el programa", añadió.

La demanda de que los presos participen en dicho programa como requisito para su libertad condicional atenta contra el derecho a la presunción de la inocencia y el derecho a no incriminarse a sí mismo.

El Tribunal Supremo de Montana falló en 1991 que las autoridades no pueden exigir que, como condición de su libertad, las personas condenadas por delitos sexuales participen en programas de terapia, si un aspecto esencial de dicha "terapia" consiste en la admisión de culpabilidad. En ese proceso, Donald Imlay insistió en su inocencia ante la acusación de que había agredido sexualmente a una menor de edad. Fue declarado culpable y condenado a cinco años de prisión. El tribunal dictaminó que la condena fuera suspendida con la condición de que Imlay participara en un programa de terapia sexual. Cuando Imlay siguió negando las acusaciones que se le imputaban, lo suspendieron del programa y lo encarcelaron.

El tribunal de Montana indicó que, según la Quinta Enmienda a la Constitución de Estados Unidos, el gobierno no puede incrementar una sentencia simplemente porque el acusado rehuse confesar el crimen; los jueces ordenaron que se dictara una nueva sentencia. La Corte Suprema de Estados Unidos decidió no impugnar este fallo.

Programas involuntarios y degradantes

Los programas de tratamiento en las cárceles, como el SOTP de Iowa, nunca son realmente voluntarios, pese a lo que afirman las autoridades. Los reos siempre se sienten presionados a participar en estos programas con la esperanza de que los pongan en libertad o les den un mejor trato. Esta presión puede ser directa o indirecta.

Los programas para delincuentes sexuales se están generalizando, dijo Margaret Winter, directora del Programa Nacional de Presos de la organización defensora de libertades democráticas ACLU. Ella describió un supuesto programa de tratamiento en el estado de Vermont, contra el cual los abogados de la ACLU han entablado una demanda judicial. Los funcionarios estatales alegan que es voluntario, dijo Winter. "Pero en realidad es tan poco voluntario como en el caso de Mark". Señaló el ejemplo de un preso que recibe una sentencia de 2 a 20 años. "Le dicen: 'Si ingresas al programa, a lo mejor sales en 2 años, de lo contrario te pasarás preso 20 años'", explicó Winter.

El objetivo de estos programas para delincuentes sexuales, al igual que muchos otros proyectos de "rehabilitación" entre rejas, es degradar y doblegar la moral de los presos. El programa de Vermont ilustra muy bien este hecho. Según Winter, obligan a los reos a observar diversos materiales pornográficos mientras se mide su supuesto nivel de excitación. Las autoridades penitenciarias alegan que la información obtenida con estas pruebas puede utilizarse para predecir quién es propenso a cometer un crimen sexual.

SHIRLEY PEÑA

Partidarios entregan cartas que le piden a la junta de libertad condicional que pongan en libertad a Curtis, septiembre de 1995.

A los reclusos en el programa de Vermont también se les obliga a relatarle sus "fantasías aberrantes" a un terapista, dijo Winter. Quienes reciben libertad condicional tras pasar por el programa frecuentemente deben continuar el tratamiento durante muchos años como pacientes externos. Les pueden revocar la libertad condicional si las fantasías no le resultan aceptables al terapista.

"Mucha gente rehusa participar en el programa" y entonces debe cumplir la totalidad de la condena en prisión, comentó Winter. "Es sumamente degradante".

El programa SOTP de Iowa también se basa en métodos humillantes. Los reos que están en el programa deben participar en sesiones de terapia colectiva donde se insta a los presos a abusarse verbalmente entre sí por los crímenes de los cuales fueron acusados. "La persona que esté recibiendo los comentarios escuchará y no hablará sino hasta haber recibido todos los comentarios", rezan las reglas del SOTP. "En todo momento se mantendrá el contacto visual... No se tolerarán las represalias por comentarios negativos". Los participantes del SOTP también deben escribir un ensayo titulado "A través de los ojos de mi víctima", donde describen detalladamente "los sucesos del delito tal como lo experimentó la víctima, a ser escrito en primera persona".

Este "tratamiento" supuestamente le ayuda al prisionero a "asumir su propio crimen".

Hasta 1993 la mayoría de los presos en Iowa tenían derecho a una audiencia anual ante la junta sobre libertad condicional. Eso cambió con la promulgación de una nueva ley que permite que la junta decida cuáles reos tendrán la oportunidad de presentar su caso. La junta se valió de esta nueva ley para negarle una audiencia a Curtis y a muchos otros prisioneros.

"Me debieron haber otorgado una audiencia inmediata", dijo Curtis tras la decisión de la junta en octubre de 1993.

"Los defensores de los derechos democráticos deben insistir en que los prisioneros tengan la oportunidad de alegar su propio caso ante la junta". Señaló que ahora al cumplir la sentencia por violación —el único crimen del que realmente fue acusado— las autoridades tenían cada vez más dificultad en justificar su decisión de mantenerlo en prisión.

Gana lucha por la libertad condicional

Cuando la revisión del caso de Curtis llegó ante la junta de libertad condicional en noviembre de 1995, las autoridades estatales decidieron que estaban pagando un precio político demasiado costoso al mantenerlo entre rejas. Mientras más se prolongaba el caso, más fácil les resultaba a otras personas ver lo que realmente era: un caso amañado político. La junta le otorgó a Curtis una audiencia por primera vez en tres años. En las semanas previas a la audiencia, la junta recibió unas 500 cartas instando a que Curtis fuera excarcelado.

La audiencia se realizó en la prisión el 21 de noviembre de 1995. Asistió una delegación de partidarios de Curtis. Además, estuvieron presentes reporteros del *Des Moines Register* y del *Militant*. Por primera vez no asistieron miembros de la familia Morris.

Curtis le agradeció a la junta por abordar su caso y dedicar tiempo para examinar las cartas de apoyo, y presentó su solicitud para ser excarcelado. Los miembros de la junta anunciaron que le otorgarían la libertad condicional, y luego Walter Saur, miembro de la junta, trató de restarle importancia al impacto de las cartas. Señaló a la delegación de partidarios y afirmó, "Esta gente no son la razón por la que usted va a salir… No cuente con esa gente, ni con más cartas, para lograr algo". Sin embargo, este amplio apoyo fue esencial para la defensa de Curtis, como lo demostró toda la lucha hasta ese punto, y posteriormente los siete meses que duró la batalla para que las autoridades le otorgaran la libertad condicional en Illinois.

Después de la audiencia, llevaron a Curtis directamente a su celda sin que tuviera la oportunidad de hacer más que dar una señal de éxito con el pulgar. Un par de horas más tarde, durante su receso de almuerzo, llamó por teléfono a los partidarios que habían asistido a la audiencia. "Esto es una tremenda victoria", dijo. "Yo siempre supe que este día llegaría, pero no se habría logrado sin todas las personas que escribieron cartas, se presentaron en las audiencias de la junta de libertad condicional, vendieron folletos sobre mi caso e hicieron campaña por mi libertad". Él se comprometió a utilizar esta victoria para volver a sumarse a otros que luchan por la justicia por todo el mundo.

NAOMI CRAINE

Partidarios celebran en Fort Madison, Iowa, cuando junta de libertad condicional decidió excarcelar a Curtis, noviembre de 1995. Desde la izquierda: Kitty Loepker, Frankie Travis, Kate Kaku, Suzanne Curtis, Hazel Zimmerman, Jane Curtis, Dannen Vance, John Studer, Norton Sandler, Natalie Bombaro y Nick Castle.

La Revolución Cubana y los Cinco Cubanos

Nuevo

Absueltos por la solidaridad

16 acuarelas por 16 años de injusta prisión de los Cinco Cubanos

En español e inglés, edición bilingüe. US$15

Voces desde la cárcel

Los Cinco Cubanos

US$7. También en inglés, francés, árabe y persa.

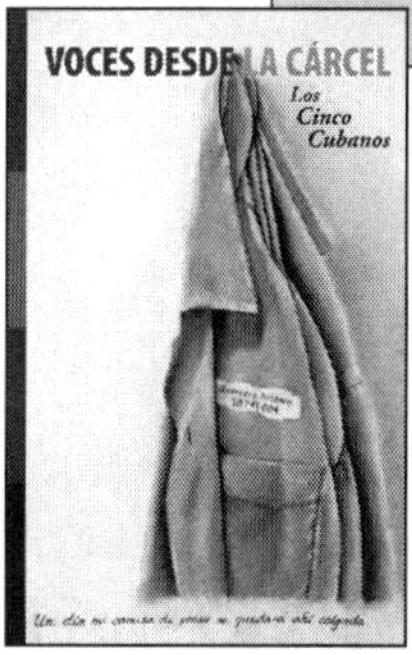

'Yo me muero como viví'

15 acuarelas de Antonio Guerrero

US$7. También en inglés, francés y persa.

El nuevo libro de Antonio Guerrero *Absueltos por la solidaridad* no podría ser más oportuno. Junto a *Voces desde la cárcel* y las acuarelas y los textos anteriores de Guerrero, *'Yo me muero como viví'*, relatan el caso amañado contra los Cinco Cubanos en 1998 y la campaña internacional que ganó su libertad.

En el caso amañado organizado por Washington, "todo lo que se pretendía era castigar a Cuba", escribe Guerrero. Con claridad y sentido de humor, estos libros dicen la verdad sobre esta revolución socialista que sigue viva y sobre las batallas mundiales venideras que serán libradas y ganadas por el tipo de hombres y mujeres que solo pueden ser producidos por transformaciones populares proletarias como las de Cuba.

WWW.PATHFINDERPRESS.COM

La clase obrera y la defensa de los derechos políticos

50 AÑOS DE OPERACIONES ENCUBIERTAS EN EE.UU.

Nuevo

La policía política de Washington y la clase obrera norteamericana

Larry Seigle, Farrell Dobbs, Steve Clark

La campaña política del Partido Socialista de los Trabajadores para exponer décadas de espionaje y acoso dirigidos por el FBI y otras agencias policiacas federales contra organizaciones obreras y otros opositores de las políticas del gobierno. Explica el origen del estado de "seguridad nacional" de Washington y la ampliación de los poderes presidenciales. Esta nueva edición incluye "La guerra imperialista y la clase trabajadora" de Farrell Dobbs. US$12. También en inglés.

EL SOCIALISMO EN EL BANQUILLO DE LOS ACUSADOS

Testimonio en el juicio por sedición en Minneapolis

James P. Cannon

Nuevo

El programa revolucionario de la clase trabajadora, tal como fue presentado durante el juicio contra dirigentes del movimiento obrero de Minneapolis y del Partido Socialista de los Trabajadores por cargos amañados de "conspiración sediciosa" en 1941. Incluye, por primera vez en español, la respuesta de Cannon a críticos ultraizquierdistas de los acusados. Saca lecciones de experiencias del movimiento obrero, desde Marx y Engels hasta la Revolución de Octubre y después. US$16. También en inglés.

www.pathfinderpress.com

La emancipación de la mujer y la revolución socialista

LOS COSMÉTICOS, LAS MODAS Y LA EXPLOTACIÓN DE LA MUJER

Joseph Hansen, Evelyn Reed, Mary-Alice Waters

Hace 60 años, un artículo en el semanario socialista estadounidense *The Militant* provocó un animado debate sobre cómo las industrias de cosméticos y "modas" se aprovechan de las inseguridades económicas y emocionales de las mujeres y los adolescentes para sacar ganancias. Hoy día ese intercambio, recogido en este libro, un clásico del marxismo, brinda una introducción sobre el origen de la opresión de la mujer y la lucha por la liberación. US$15. También en inglés.

LAS MUJERES EN CUBA: HACIENDO UNA REVOLUCIÓN DENTRO DE LA REVOLUCIÓN

Vilma Espín, Asela de los Santos, Yolanda Ferrer

Cuando el pueblo trabajador luchaba en los años 50 para derrocar una sangrienta tiranía en Cuba, la integración inaudita de la mujer a las filas y a la dirección de estas batallas no fue una aberración. Fue parte íntegra de la trayectoria proletaria de la dirección de la Revolución Cubana desde el principio. Este libro es la historia de esa revolución y cómo transformó a las mujeres y a los hombres que la hicieron. US$20. También en inglés.

WWW.PATHFINDERPRESS.COM

Nueva Internacional

UNA REVISTA DE POLÍTICA Y TEORÍA MARXISTAS

NUEVA INTERNACIONAL Nº. 6

Ha comenzado el invierno largo y caliente del capitalismo

Jack Barnes

La actual crisis capitalista global que se acelera —inicio de lo que serán décadas de convulsiones económicas, financieras y sociales y batallas de clases— acompaña la continuación de un cambio trascendental en la política y organización militar de Washington. Los trabajadores con disposición de lucha debemos encarar esta coyuntura histórica del imperialismo, derivando satisfacción de "meternos en su cara" al trazar un curso revolucionario para afrontarla. US$16. También en inglés, francés y árabe.

NUEVA INTERNACIONAL Nº. 7

Nuestra política empieza con el mundo

Jack Barnes

Las enormes desigualdades económicas y culturales entre los países imperialistas y semicoloniales, y entre las clases dentro de estos países, se reproducen y acentúan por las operaciones del capitalismo. Para que los trabajadores de vanguardia forjemos partidos capaces de dirigir una exitosa lucha revolucionaria por el poder en nuestros propios países, nuestra actividad debe guiarse por una estrategia para cerrar esta brecha. US$14. También en inglés y francés.

NUEVA INTERNACIONAL Nº. 8

El legado antiobrero de los Clinton: Raíces de la crisis financiera mundial de 2008

US$14. También en inglés y francés.

WWW.PATHFINDERPRESS.COM

de PATHFINDER

MALCOLM X, LA LIBERACIÓN DE LOS NEGROS Y EL CAMINO AL PODER OBRERO

JACK BARNES

"No empecemos con los negros como nacionalidad oprimida. Empecemos con el papel de vanguardia de los trabajadores que son negros en las amplias luchas sociales y políticas de la clase trabajadora en Estados Unidos. El historial es asombroso. Es la fuerza y capacidad de resistencia, no la opresión, lo que nos deja pasmados".

— **Jack Barnes**

Este libro, al sacar lecciones de un siglo y medio de luchas, nos ayuda a comprender por qué la conquista revolucionaria del poder por la clase trabajadora hará posible la batalla final por la libertad de los negros, y abrirá paso a un mundo basado, no en la explotación, la violencia y el racismo, sino en la solidaridad humana. Un mundo socialista. US$20. También en inglés, francés y árabe.

EL DESORDEN MUNDIAL DEL CAPITALISMO

POLÍTICA OBRERA AL MILENIO

JACK BARNES

La devastación social, el pánico financiero, la turbulencia política, la brutalidad policiaca y los actos de agresión imperialista que se aceleran a nuestro alrededor no son caos. Son producto de fuerzas reglamentadas —y comprensibles— desatadas por el capitalismo. Se pueden cambiar con la solidaridad oportuna, la acción valiente y la lucha unitaria de los trabajadores y agricultores que estén conscientes de su capacidad de transformar el mundo. US$25. También en inglés y francés.

WWW.PATHFINDERPRESS.COM

AMPLÍE *su biblioteca revolucionaria*

La clase trabajadora y la transformación de la educación

El fraude de la reforma educativa bajo el capitalismo

JACK BARNES

"Hasta que se reorganice la sociedad para que la educación sea una actividad humana desde que somos muy jóvenes hasta que morimos, no habrá educación digna de la humanidad creadora y trabajadora". US$3. También en inglés, francés, persa y griego.

¿Es posible una revolución socialista en Estados Unidos?

Un debate necesario

MARY-ALICE WATERS

En dos charlas, parte de un amplio debate en la Feria del Libro de Venezuela, Waters explica por qué una revolución socialista es posible en Estados Unidos. Explica por qué las luchas revolucionarias del pueblo trabajador son inevitables: los ataques de la clase patronal, impulsados por la crisis, nos impondrán esas luchas. A medida que crece la solidaridad entre una vanguardia combativa del pueblo trabajador, se divisan ya los contornos de batallas de clases por venir. US$7. También en inglés y francés.

Cuba y Angola

Luchando por la libertad de África y la nuestra

1975–91

La misión internacionalista cubana para ayudar al pueblo de Angola, que duró 16 años, presentada aquí en las palabras de los que hicieron esa historia, incluidos Fidel Castro, Nelson Mandela y Raúl Castro. Con un artículo especial de Gabriel García Márquez. Incluye relatos de tres de los Cinco Cubanos que combatieron en Angola. US$12. También en inglés.

Somos herederos de las revoluciones del mundo

Discursos de la revolución de Burkina Faso, 1983–87

THOMAS SANKARA

La dominación colonial e imperialista ha dejado un legado de hambre, analfabetismo y atraso económico en África. En 1983 los campesinos y trabajadores de Burkina Faso establecieron un gobierno popular revolucionario y comenzaron a combatir las causas de esa devastación. Sankara, quien dirigió esa lucha, explica el ejemplo ofrecido para todo el mundo. US$10. También en inglés y francés.

El Manifiesto Comunista

CARLOS MARX, FEDERICO ENGELS

El documento de fundación del movimiento obrero moderno, publicado en 1848. Explica por qué el comunismo no es un conjunto de principios preconcebidos sino la línea de marcha de la clase trabajadora hacia el poder, que emana de "las condiciones reales de una lucha de clases existente, de un movimiento histórico que se está desarrollando ante nuestros ojos". US$5. También en inglés, francés y árabe.

La cuestión judía

Una interpretación marxista

ABRAM LEON

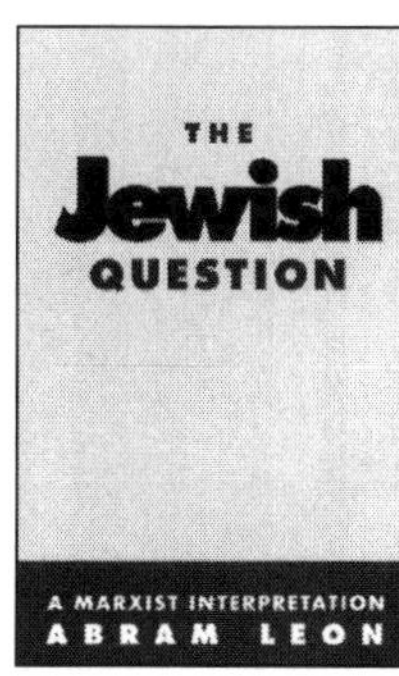

Busca el origen de las justificaciones históricas del antisemitismo en el hecho de que los judíos, antes del ascenso del capitalismo industrial, fueron obligados a ser un "pueblo-clase" de comerciantes y prestamistas. Explica por qué hoy los gobernantes adinerados incitan de nuevo al antisemitismo. En inglés. US$25

Rebelión Teamster

FARRELL DOBBS

Las huelgas de 1934 que forjaron el movimiento sindical industrial en Minneapolis y ayudaron a allanar el camino para el ascenso del CIO, relatadas por un dirigente central de esa batalla. El primero de cuatro tomos sobre el liderazgo de lucha de clases de las huelgas y campañas de sindicalización que transformaron al sindicato de los Teamsters en gran parte del Medio Oeste norteamericano en un movimiento social combativo y señalaron el camino hacia la acción política independiente del movimiento obrero. US$19. También en inglés y francés.

La huelga de los obreros de la carne contra la Hormel en Austin, Minnesota, 1985–86

FRED HALSTEAD

La recia huelga contra la Hormel inició una serie de batallas de los obreros empacadores de carne que —junto con huelgas de obreros papeleros, obreros de enlatadoras y mineros del carbón en el Oeste— marcó una ruptura en la fuga en desbandada de los sindicatos norteamericanos que había comenzado con la recesión de 1981–82. US$6. También en inglés.

La historia del trotskismo americano, 1928–38

Informe de un partícipe

JAMES P. CANNON

"El trotskismo no es un nuevo movimiento, una nueva doctrina", dice Cannon, "sino la restauración, el renacimiento del marxismo genuino tal como se expuso y se practicó en la Revolución Rusa y en los primeros días de la Internacional Comunista". En 12 charlas en 1942, James P. Cannon recuenta un período decisivo en la labor de construir un partido proletario en Estados Unidos. US$22. También en inglés y francés.